日本の憲法 最初の話

詩訳と文 白井明大

KADOKAWA

日本の憲法　最初の話

日本国憲法　前文

私は決めた。

ちゃんとした選挙で選んだ代表の人たちで

国会を作り

その代表の人たちを通して

私が行動することを。

私たちと私たちの次の未来の人々のために

さまざまな国の人々と

手を取り合うことで生まれる実りと

私たちの国の

ありとあらゆるところで

自由がもたらす恵みを

しっかり握って手放さないようにして

まちがっても政府の行ないで

二度と戦争を

引き起こさないようにすることを決めた。

この国はほかの誰のものでもなくて、

私が　そしてあなたが

つまり一人一人が

この国の主人だ

と、いまここに宣言するよ。

いまここに、この憲法を定めるよ。

そもそも

この国で大事なことを決めるのは、

私たちが信頼して

あなたに任せたよ、と約束したのがはじまりだし

私たち一人一人が権威の持ち主だよ。

私たちが選んであげた人はただの代行でしょう？

全部この国のいいことは

私たち一人一人が受け取るのが当たり前。

いまここで言っていることは

地球上のすべての人間に共通の常識だし

この憲法だって

そういう常識をわきまえたもの。

だから誤解しないで。

私たちは

インチキとかズルとかウソとか

そういう反則をしようとするものは

憲法だろうと法令だろうと詔勅だろうと

一切ぜったい許さないから。

私は

ずっと平和がいい。

この星で生きていくための

人間と人間の

つながりの土台を支える

とてもとても大事な理想を

深く心に持っておくよ。

平和を愛してる

いろんな国の人々の心の中にある

ウソやごまかしのない姿勢と

お互いを思いやる理性や知性を信じることで

私たちは安心して暮らそうと

そうやって生きていこうと決めた。

平和を守って

人が人を暴力的に支配したり、

奴隷にしたり、

存在を押しつぶしたり、

偏見に満ちたひどい扱いをしたり、

そういうことを地上から永遠になくそうと

がんばっている国々の集まりの中で

私たちは

胸を張れる仲間でありたい

そう思う。

そして

この世界の国の誰もが

一人の例外もなく

おそろしい目にあわず

貧しさから抜け出して

平和な日々を生きる権利を

持っているんだ

ということを

念のためにここで言っておく。

私たちは信じる。

どの国も

自分のことばかり考えないで

他の国のことを無視したらだめ。

守るべきルールはちゃんとあって

お互いにルールを守りながらやっていくこと。

それが

自分の国の立場を保って

どの国とも対等な関係を築いていくために

地球の国々が

ともに歩むべき道だと信じる。

私は誓う。

この国の主人として

顔を上げて　胸を張って

このとてもとても大事な理想と目的を

全力で叶える<ruby>叶<rt>かな</rt></ruby>えることを誓う。

日本国憲法〔前文〕

日本国民は、正当に選挙された国会における代表者を通じて行動し、われらとわれらの子孫のために、諸国民との協和による成果と、わが国全土にわたって自由のもたらす恵沢を確保し、政府の行為によって再び戦争の惨禍が起ることのないようにすることを決意し、ここに主権が国民に存することを宣言し、この憲法を確定する。そもそも国政は、国民の厳粛な信託によるものであって、その権威は国民に由来し、その権力は国民の代表者がこれを行使し、その福利は国民がこれを享受する。これは人類普遍の原理であり、この憲法は、かかる原理に基くものである。われらは、これに反する一切の憲法、法令及び詔勅を排除する。

日本国民は、恒久の平和を念願し、人間相互の関係を支配する崇高な理想を深く自覚するのであって、平和を愛する諸国民の公正と信義に信頼して、われらの安全と生存を保持しようと決意した。われらは、平和を維持し、専制と隷従、圧迫と偏狭を地上から永遠に除去しようと努めている国際社会において、名誉ある地位を占めたいと思う。われらは、全世界の国民が、ひとしく恐怖と欠乏から免かれ、平和のうちに生存する権利を有することを確認する。

われらは、いづれの国家も、自国のことのみに専念して他国を無視してはならないのであって、政治道徳の法則は、普遍的なものであり、この法則に従うことは、自国の主権を維持し、他国と対等関係に立とうとする各国の責務であると信ずる。

日本国民は、国家の名誉にかけ、全力をあげてこの崇高な理想と目的を達成することを誓う。

はじめに

　憲法に何が書いてあるのか。憲法の何が大事なのか。自分と
どう関わっているのか。
　ほんとうは憲法って、普段の生活ともつながっているはずなの
に、でもどこから入っていいのか分からないような、とっつきづ
らい存在じゃないでしょうか。

　この本では、日本国憲法と、私の、あなたの、一人一人の自由
や人権に関わる法律や条約、宣言、演説、判決などを詩に訳し
ています。憲法だけではなく、関連するいろんな法や言葉を一緒
に読むことで、憲法に掲げているものの全体像がより見えてくる
のではないかと思ったからです。

　できるだけ、憲法や法律や条約などがどうしてそんなふうに書
かれているのか、という背景や歴史、意義や目的などまでかみく
だいて訳すように心がけました。
　憲法というものが、ちゃんと私のためにあるんだ、といつでも
思い出せるように。
　私のかけがえのない自由や人権を、誰にも奪われないように。
　そして何より、私も、あなたも、一人一人の誰もが、個人として
尊重されながら自分の人生を生きていくために。

目次

日本と世界の約束の話

世界の憲法　私の自由の歴史

この本について

詩訳には原文を添えています。どうぞ読み比べてお楽しみください。

原文は個別に記載したものを除いて、
各国・欧州連合の公式ホームページ、国連広報センターならびに
『六法全書　令和４年版』（佐伯仁志・大村敦志編集代表、有斐閣）によります。

原文中の［　］内は詩訳に用いた底本の訳者による註、〔　〕内は詩訳者による註です。

日本国憲法の原文の表記は新かな遣いにあらためてあります。

日本国が批准していない条約や、批准したものの留保を付している条文は、
詩訳や原文その他の文中で文字色をグレーにしています。

冒頭 2-6 ページに掲載した詩訳「日本の憲法　最初の話」は、詩訳者の氏名を表示し、
改変を行なわないかぎり、転載・翻訳・朗読・公衆送信は自由です。
商業的な利用の際は、詩訳者の許諾が必要となります。

私のあなたの自由と人権の話

〈お国のため〉から〈一人一人の私のため〉へ

私を大事に。あなたを大事に。一人一人を大事に。憲法の話では、おいそれと「全体のため」とか「多数決に従うべき」とか言わないように気をつけなきゃと思います。一人一人の個人に、命があり、心があり、人生があり、そのひとつひとつを日本国憲法はもっとも大事にしています。憲法の根本にあるのは、個人の基本的人権の保障です。「お国のため」とかじゃありません。いったい自由や権利がどんなふうに憲法に書かれているのか、見てみましょう。どれどれ……。

私が私であるために
生まれつき全部持っている人権

日本国憲法　11条

私が、
あなたが、
生きていくために
絶対に欠かせない
基本的人権というものがある。
それは
私が私であることを
まるごと包み込む海のような、
あなたがあなたとして生きることを
ずっと支えつづける陸地のような、
かけがえのない自由と権利。

私も、
あなたも、
この国の誰もが、
生きるためにひとつも欠かせない
基本的人権を全部
生まれつき持っている。
誰にもじゃまできない。

この憲法の役割は、基本的人権の見張り番。

総理大臣だろうと、国会議員だろうと、

憲法改正案だろうと、

どんな公権力にも

基本的人権には手出しをさせない。

この自由と権利を与えるのは、

憲法でも、ましてや国でも国会でも政府でもない。

それは

侵すことのできない永久の権利として

私が、

あなたが、

いま、そして将来の

この国の一人一人の人間が

命を授かったとき、

一緒に授かるものなんだ。

日本国憲法

第十一条　国民は、すべての基本的人権の享有を妨げられない。この憲法が国民に保障する基本的人権は、侵すことのできない永久の権利として、現在及び将来の国民に与えられる。

自由と権利を
つかんで離さないこと

日本国憲法　12条

私の、
あなたの、
この国の一人一人の
自由と権利には
どんな公権力も手出しできないように
この憲法がずっと見張ってる。
でも、
それだけじゃ足りない。
どうか油断しないで
私自身が、
あなた自身が、
この国の一人一人が自分自身で
ちゃんといつでも目を光らせて
私たちの自由と権利をつかんで離さないこと。
それから、
いくら自由と権利といっても
なんでも好き放題できるわけじゃなくて
公共の福祉のたピ──
みんなで暮らす共同体だから

ずっと一緒にやっていけるように

私が

あなたが

一人一人が

自由を謳歌し、権利を行使するとき

共同体のメンバーとして

責任感も大事なのはわかってる。

日本国憲法
第十二条　この憲法が国民に保障する自由及び権利は、国民の不断の努力によって、これを保持しなければならない。又、国民は、これを濫用してはならないのであって、常に公共の福祉のためにこれを利用する責任を負う。

幸せになるために
個人として尊重される

日本国憲法　13条

私は、
個人として尊重される。
あなたは、
個人として尊重される。
この国の誰もが一人一人、
個人として尊重される。
政府の言うことには黙って従えとか、
お国のために、自由も、財産も、命すらも投げ出せとか、
個々の人間を踏みにじってきた過去の
過ちをくり返さないために。
生命に対する私の権利と、あなたの権利と、一人一人の権利と、
自由に対する私の権利と、あなたの権利と、一人一人の権利と、
幸せに対する私の権利と、あなたの権利と、一人一人の権利は
法律を作るときも、
それ以外の国の取り決めでも、
最大限に尊重することが必要だよ。
但し、「公共の福祉」に反しないかぎり……。

「公共の福祉」ってなんだろう？

人権だからといって、もちろん何でもしていいわけではありません。ある人が人権を行使することで、他の誰かの人権を制約してしまう場合や、公衆の健康のためなどを理由に、例外的に人権を制限せざるをえないことはありえます。

また一方で「公共の福祉」という漠然とした文言を人権制限の根拠とすることについて、日本政府は、国連の自由権規約委員会から再三勧告を受けています。

「これまで何度も国連は改善を求めてきましたが『公共の福祉』という、あいまいで、無限定で、ご都合主義的な言葉で、一人一人の自由を押さえつけるのは危険です。とくに思想・良心・信教の自由や、表現の自由は「自由権規約」18条3項や19条の厳しい条件をすべてクリアしないかぎり、どんな制限も許されないと強く念を押しておきます」（「自由権規約委員会からの定期診断レポート」、2014年）

「公共の福祉」は社会の大事なルールなのに、なぜ国連の委員会が勧告をくり返すのかわからないという人もいるかもしれません。覚えておきたいのは、人権は生きるために不可欠で、その人の命や暮らしに関わっているということです。救急車に道を譲ることを、他の車に迷惑とは言わないのと同様に。

一人一人の人権と「公共の福祉」、どっちが大事？

日本国憲法

第十三条　すべて国民は、個人として尊重される。生命、自由及び幸福追求に対する国民の権利については、公共の福祉に反しない限り、立法その他の国政の上で、最大の尊重を必要とする。

Human Rights Committee

Concluding observations on the sixth periodic report of Japan

自由権規約委員会　日本の第6回定期報告に関する総括所見

C. Principal matters of concern and recommendations

Restriction of fundamental freedoms on grounds of "public welfare"

22. The Committee reiterates its concern that the concept of "public welfare" is vague and open-ended and may permit restrictions exceeding those permissible under the Covenant (arts. 2, 18 and 19).

The Committee recalls its previous concluding observations (see CCPR/C/JPN/CO/5, para. 10) and urges the State party to refrain from imposing any restriction on the rights to freedom of thought, conscience and religion or freedom of expression unless they fulfil the strict conditions set out in paragraph 3 of articles 18 and 19.

市民的及び政治的権利に関する国際規約（自由権規約、B 規約）

18 条 3 項　宗教又は信念を表明する自由については、法律で定める制限であって公共の安全、公の秩序、公衆の健康若しくは道徳又は他の者の基本的な権利及び自由を保護するために必要なもののみを課することができる。

19 条 3 項　2 の権利〔表現の自由〕の行使には、特別の義務及び責任を伴う。したがって、この権利の行使については、一定の制限を課すことができる。ただし、その制限は、法律によって定められ、かつ、次の目的のために必要とされるものに限る。

　(a)　他の者の権利又は信用の尊重

　(b)　国の安全、公の秩序又は公衆の健康若しくは道徳の保護

法の下に平等、
法の中身も平等

日本国憲法　14条1項

平等って何だろう。

私も、
あなたも、
この国の一人一人が、
法の下に平等だ。
それは単に、
法律を全員一律に当てはめますよ、
なんて意味じゃない。
法の中身も平等にします。
そういう意味だ。

格差があるのに、
元々のスタートラインが違うのに、
何でも同じ条件にしたら全然平等じゃない。
元々が不平等なら、テコ入れが必要。
社会そのものに
ガラスの天井みたいな有利不利があるなら、
不利な人に手厚くしてこそ平等じゃないの？

そして

人種で差別しないこと。

信条で差別しないこと。

性別で差別しないこと。

生まれや社会的地位や家柄で差別しないこと。

政治・経済・社会に関するどんな場面でも

差別はだめ。

くり返す。

差別はだめ。

差別はだめ。 差別はだめ。 差別はだめ。 差別はだめ。

差別はだめ。 差別はだめ。 差別はだめ。 差別はだめ。

差別はだめ。 差別はだめ。 差別はだめ。 差別はだめ。

差別はだめ。 差別はだめ。 差別はだめ。 差別はだめ。

差別はだめ。 差別はだめ。 差別はだめ。 差別はだめ。

差別はだめ。 差別はだめ。 差別はだめ。 差別はだめ。

差別はだめ。 差別はだめ。 差別はだめ。 差別はだめ。

差別はだめ。 差別はだめ。 差別はだめ。 差別はだめ。

差別はだめ。 差別はだめ。 差別はだめ。 差別はだめ。

差別はだめ。 差別はだめ。 差別はだめ。 差別はだめ。

日本国憲法
第十四条〔一項〕 すべて国民は、法の下に平等であって、人種、信条、性別、社会
的身分又は門地により、政治的、経済的又は社会的関係において、差別されない。

自分の共同体なんだから、
自分で選ぶ

日本国憲法　15条

1

自分の共同体なんだから、
誰に仕事を任せるかは
自分で決めるもの。

国会議員の選挙をはじめ、
大臣、裁判官、官僚、検事、
都道府県や市区町村の
議員や知事や長や役所の人など、
共同体のために働く公務員を
直接、
または間接的に
選んだり、辞めさせたりすることは、
私の
あなたの
この国の一人一人の
権利だよ。

もちろん
立候補する権利だってある。

　　2

公務員って、
共同体の全員のために尽くす人のこと。

自分を選んでくれた支持者だけを
えこひいきしないで。

　　3

戦後、民主主義のあり方を根本から改めるまで
女性は投票さえできなかった……。
もうそんな不公平は、まっぴらごめん。
だから選挙といえば、
性別だとか、
納税額だとか、
そういう投票資格の縛りは一切なし。
この国の成人になったメンバー全員で行なう
普通選挙に決まってる、と言っておく。

4

すべての選挙で、
誰が誰に一票入れたか　などの
投票の秘密には、手出し厳禁。

誰を選ぼうと選ぶまいと
それが理由で公権力ににらまれるとか、
誰かに訴えられるとか、
そんな責任これっぽっちもない。

日本国憲法
第十五条　公務員を選定し、及びこれを罷免することは、国民固有の権利である。
2　すべて公務員は、全体の奉仕者であって、一部の奉仕者ではない。
3　公務員の選挙については、成年者による普通選挙を保障する。
4　すべて選挙における投票の秘密は、これを侵してはならない。選挙人は、その選択に関し公的にも私的にも責任を問われない。

憲法という約束（1）

一人一人の国民こそが、国の主人

　憲法というのは、私が、あなたが、一人一人の人間が、国と交わした約束です。誰もが安心して暮らせるように、健やかで文化的に人間らしく生きられるように定めたものです。

　しかも約束を守るのは、国のほうです。けっして権力を悪用しません、と国が国民に約束して初めて、私やあなたのものである主権という権力が国に託されます。そうして憲法を定めることで、国の土台ができます。憲法という土台の上に作るのが国です。

　だから、人間が先で、国が後です。

　この順番を取り違えると、たいへんなことになってしまいます。人間のために国があるのであって、間違っても「お国」のために人間がいるわけではありません。一人一人の国民こそが、国家の主人であるという国民主権の下に成り立っているのが「日本国憲法」です。

　人間は、誰も一人では生きられません。人間同士が寄り集まって、お互いに手を取り合って共同体を作り、社会を築いてきたのです。国というのも共同体のひとつ。だとしたら、自分の共同体のことを、自分で決めるのは当たり前じゃないでしょうか。

　国民が主体となって政治に参加する民主主義は、よくよく考えてみたら当たり前の制度です。

　そして憲法という約束は、一人一人の人間を最優先にする個人主義が大前提ということになります。だって、国のために人間が生きているわけじゃないから。人間のために国ができたのだから。

　つまり、国は公助を行なうための存在だということです。自力で何とかする自助や、家族や仲間と支え合う共助では足りないから、公助を担う国という共同体が生まれました。昨今、国が公助を渋り、国民に自助や共助を促す傾向が見受けられますが、それは国が自らの役割を果たさない責任放棄の状態ともいえます。

権力者に勝手なことをさせない「法」

　ほんらい国も、国会議員や大臣や裁判官も、官僚などの国家公務員も、私に、あなたに、一人一人の国民に尽くすために存在します。公務を担う者がいくら権力の座についたつもりになっても、どんなにえばった顔をしても、国の主人は、国民＝「私」です。

　中世のように国王の気持ちひとつで国の政治が左右されるあり方を、人の支配といいました。いまは違います。「私」という主人から公務を任された者は誰でも、個人主義に基づく約束＝憲法に従わなければなりません。これを、法の支配といいます。

　この「法」というのは、法律なら何でもいいわけではなく、個人個人の人権を何よりも重んじて、権力者に勝手なことをさせない、公平で公正な法という意味です。

　国という共同体を統治するための権限（主権）は、もともと共同体のメンバー一人一人のもの、つまり私や、あなたのものだということを、けっして忘れるわけにはいきません。国民主権ということは、国の基本的なあり方や方針を定める最終決定権が「私」にあり、国を治める者に正当性というお墨付きを与えるのは「私」である、ということだからです。

　憲法という約束を交わしたとき、国民から国へと託されるのは、主権者である「私」自身の権力です。そもそもの権力の持ち主はあくまで「私」なんだぞ、という意味が、国民主権という言葉には

込められています。

基本的人権は憲法の根本ルール

　私が生きていく上で、なくてはならない自由や権利（＝基本的人権）を確保して、暮らしたい。平和に、自由に、健やかに、安心して、自分にとっての幸せを追い求めたければ追い求めて、一人一人が生きたいように生きていきたい。何者にもじゃまされず、理不尽に押さえつけられたり、無理やり奪われたり、社会の片隅に追いやられたりせずに。

　そんな私の、あなたの、個人個人の尊厳を──とくに少数者の人権というものを──何よりも大切にすることが、憲法の使命であり、原則です。もし多数派の人権しか守られないのなら、それは数の力に過ぎず、近代以前の弱肉強食の世界と変わりません。

　歴史をふり返ると、王の一存で国を支配するのではなく、市民が選挙で選んだ議員が話し合い、多数決で決めようというのが、民主主義の初めの一歩でした。けれど多数決だけでは、少数者の人権がないがしろになりやすく、大衆を扇動する政治家によって国が独裁政治に傾いたとき歯止めが効かないなどの問題が出てきました。

　個人主義に根ざした基本的人権の尊重、そして国民主権という原理、原則は、どんなことがあっても、国会の多数決だろうと、閣議決定だろうと、たとえ憲法改正だろうと、変えることの許されない憲法の根本ルールとなっています。

　憲法というのは、約束です。

　私が、あなたが、一人一人が、自分の人生を自分自身の思うように、平和に、自由に、健やかに生きていくための約束です。

私のあなたの自由と人権の話

私の
あなたの
ココロの自由

その2

人間らしく〈言いたいことを言う〉権利がある

かつて民というのはお上の〈言うことを聞く〉だけの存在でした。お上、すなわち権力者に不都合な考えも、信仰も、学問も、言論も禁じられていました。それって江戸時代までのことかと思ったら、戦前や戦中もそうでした。ココロの自由のことを憲法では精神的自由権といいます。人間はけっして使い捨ての駒ではなく、人間らしく〈思いたいことを思う〉〈信じたいことを信じる〉〈言いたいことを言う〉〈学びたいことを学ぶ〉自由も権利もあるんだぞ、と精神的自由権が憲法には刻まれています。しっかりと。

私の心の中に勝手に
土足で立ち入らないで

日本国憲法　19条

思想や良心って
世界観、国家観、人生観、倫理観、正義感、
主義、主張、センス、趣味、こだわり、好み……
つまり、心の中のこと。

私の、あなたの、一人一人の、
心の中にあることは何でも
それが心の中にある間は、誰の手出しも許さない。
絶対の絶対の絶対に。

国家権力が特定の思想を取り締まるのは、だめ。
一人一人の心の中のことを聞き出すのも、だめ。
教えたくないことは教えない。
黙っている権利がある。
私の心の中に勝手に土足で立ち入らないで。

日本国憲法
第十九条　思想及び良心の自由は、これを侵してはならない。

信じても、信じなくても、自由だよ

日本国憲法　20 条

1

宗教を
信じても、信じなくても、
どの宗教を選んでも、
信仰したい宗教を途中で変えても、
自由だよ。

人の信仰心を無理やり暴くとか、
信仰に反することを無理強いするとか、
絶対にだめ。

自分で、それか誰かと一緒に
宗教団体を作るのも、自由だからね。

過去をふり返ると、
信仰は弾圧されてきた。
たくさんの悲劇を生んできた。

だからこの憲法は、

私の、

あなたの、

すべての人の、

信仰にまつわる自由を、誰にもじゃまさせない。

国が特定の宗教と結びつくと

悲劇が起きるから、

どんな宗教団体も

国から特権を受けることは、絶対禁止。

政治上の権力をふるうことは、絶対禁止。

    2

誰のことも、

宗教に関わる行為や祝典、儀式、行事に

無理やり参加させたら、だめ。

    3

国と、国の機関には、念を押しておくけれど、

宗教教育をすることも、

その他どんな宗教的な活動をすることも、一切だめ。

政教分離と「人間宣言」

戦前・戦中の大日本帝国は、国の統治権を握る天皇を神の子孫として信仰の対象とする神社神道（国家神道）によって、国民に愛国心を強く求めました。憲法20条1項後段と3項で国と宗教の分離を定めるのは、国が宗教的中立を保って信教の自由を保障するためでもあり、信仰心や愛国心を利用して軍国主義の宗教教育を行なった過去の反省の意味でもあります。敗戦後の1946年元旦、天皇は「人間宣言」を発し、自らの神格性を否定しました。「私とあなたがた国民とのつながりは〔…〕天皇は現人神で、日本国民は他民族より優れた民族だから世界を支配するべき運命、といった架空の観念に基づくものではない」

日本国憲法
第二十条 信教の自由は、何人に対してもこれを保障する。いかなる宗教団体も、国から特権を受け、又は政治上の権力を行使してはならない。
2 何人も、宗教上の行為、祝典、儀式又は行事に参加することを強制されない。
3 国及びその機関は、宗教教育その他いかなる宗教的活動もしてはならない。

終戦翌年頭ニ於ケル詔書（昭和二十一年一月一日）〔抜粋〕
〔…〕朕ト爾等国民トノ間ノ紐帯ハ〔…〕天皇ヲ以テ現御神トシ、且日本国民ヲ以テ他ノ民族ニ優越セル民族ニシテ、延テ世界ヲ支配スベキ運命ヲ有ストノ架空ナル観念ニ基クモノニモ非ズ〔…〕

声をあげるほど、世の中は動いていく

日本国憲法　21条

1

表現の自由は、
心を自由にしてくれるもの。
そして、もうひとつ。
私や、あなたや、
この国の一人一人が一緒に作っている
民主主義の社会って、
賛成なら、賛成！　反対なら、反対！
おかしいことには、おかしい！
と一人一人が声をあげるほど、世の中は動いていくから
私自身が思うぞんぶん
表現の自由を謳歌することで、
自分の声を政治の場に届けていけるもの。

人と人が集まって
公園や広場、公道や公会堂などで
お互いの考えや思いを言葉にしたり、
仲間同士でグループを作ったり、
新聞や雑誌、ラジオ、テレビ、インターネット　などなどで

発言したり、発表したり、出版したり、
そのほか何でも
ありとあらゆる表現は自由だよ。

政府をはじめ、国家権力は、
決して手出ししてはならない。

　2

検閲ってこわい。
お前にはしゃべらせない、
発表なんてさせない、と
国家が不都合な表現を闇に葬る。
本当におそろしいことだから、
検閲は絶対にだめ。

誰の手紙も、電話も、メールも、その他もろもろ、
盗み見・盗み聞き、厳禁。
通信の秘密は、厳守すること。

日本国憲法
第二十一条　集会、結社及び言論、出版その他一切の表現の自由は、これを保障する。
2　検閲は、これをしてはならない。通信の秘密は、これを侵してはならない。

新しい思想や、発見などなどが
のびのびと育まれるために

日本国憲法　23 条

学問って、
時の権力にとって
不都合だったりする。
この世の謎や、不思議や、疑問や、可能性や、
なんとなく気になるあれこれの真理を探究する学問が
不都合だなんて、ほんとはおかしい。
でも地動説からフェミニズムまで
昔もいまも圧力を受ける。

だからこそ言っておく。
何にもじゃまされず
新しい思想や、発見や、発想などなどが
のびのびと生まれ、育まれるために。

学問の研究は、自由だ。
研究を発表するのも、自由だ。
大学で生徒や学生に何をどう教えるのも、自由だ。
小・中・高校の先生にだって、教育の自由があるんだ。

圧力にじゃまされないように
小中高大その他の教職員の立場も
大学の自治も守らなきゃいけない。
国家権力は、手出し厳禁、口出し NG。

普通教育でも、教育の自由はあるの？

憲法23条が定める学問の自由の中には、学問研究の自由・研究発表の自由・教授（教育）の自由の３つがあります。では教授の自由は、大学などの高等教育だけでなく、小学校や中学校、高等学校などの初等中等教育でも保障されるのでしょうか。もし保障されるとしたら今度は、国の学習指導要領や教科書検定が、教育の自由の妨げではないかという問題が出てきます。芦部信喜著『憲法　第七版』をひもとくと「今日においては、初等中等教育機関においても教育の自由が認められるべきであるという見解が支配的となっている」とあります。1976年５月21日の最高裁判所の判決では、国には教育の機会均等をはかり、全国的に一定の教育水準を確保することが強く要請されるなどの理由から、普通教育における教師に「完全な教授の自由を認めることは、とうてい許されない」と述べつつも「一定の範囲における教授の自由が保障される」と肯定しています。

日本国憲法
第二十三条　学問の自由は、これを保障する。

憲法という約束（2）

人権は~~保証ではなく~~、保障されるもの

　誰もが生まれつき自由や権利を持っていて、一人一人の個人あ
りき、人権ありきの世の中を築いていこう、というところから近代
社会は出発し、いまここにある社会に続いています。

　自由も権利も、私が、あなたが、誰もが生まれたときから全部
持っているものだから、日本国憲法には、自由や権利を「保障す
る」とちゃんと書いてあります。

　「保障」とは支障のないように保つことです。個人の自由や権利
を誰にもじゃまさせないということです。国民の権利を国が「保
証」してあげるという意味ではありません。

　もともと人間一人一人が、生まれつき自由も権利も持っています。

　そのような人権を、時に侵害してきたのは、国家権力のほうで
した。言論を封じ、情報を操り、財産を奪い、心身の自由を制
限し、命の犠牲さえ強いてきた歴史があります。

　いまの日本に生まれ変わる前の国、大日本帝国という国の憲法
に定められた自由権に関する条文は、日本国憲法の条文とは似て
非なるものでした。

国家権力が認めた範囲にかぎって
大日本帝国憲法 29 条

あなたがた臣民には
国家権力が法律で認めた範囲にかぎって

考えや思ったことを口にしたり、
書いたり、描いたり、出版したり、
集会したり、結社をつくったり、
そういう表現の自由がある、ということに
してあげましょう。

法律で見張っているもの以外にかぎり
同 26 条

あなたがた臣民は、
国家権力が法律で見張っているもの
以外にかぎり
通信の秘密を侵されない、というだけに
すぎません。

　このように表現の自由や通信の秘密に関わる条文はあったものの〈自由や権利は、国家が国民に与えるものであって、その中身は法律で定める〉という考え方に基づいていたので、権力の都合によって人々の自由や権利をいくらでも制限できる、という欠陥を抱えていました。これは法律の留保、という憲法の落とし穴で、現代でも悪用されるおそれがつねにあります。

　生きたいように生きることが夢のまた夢の、がんじがらめの抑圧的な政治で、一人一人の人間が不自由で理不尽で不正な檻の中に閉じ込められた歴史は、もう二度とくり返したくありません。

　そうした抑圧政治をひっくり返したのが、日本国憲法でした。

　もしいまだに自由も権利も国家が「保証」してあげるものだというのなら、じゃあ、国が「保証」しないと言ったら、私の自由や権利は奪われてしまうのでしょうか？

　もちろん、そんなはずはありません。

この自由も権利も、生まれたときから私のものだよ。国だろうと何だろうと、じゃまはさせないよ、奪わせないよ、というのが憲法に書いてある「保障する」という意味です。

　過去の歴史をふまえて、国による人権侵害という支障がないように、個人の自由や権利を保つことを憲法は念頭に置いています。

　たとえば、日本国憲法21条1項にはこう書いてあります。

　　集会、結社及び言論、出版その他一切の表現の自由は、これを保障する。

　大事なことなのでくり返しますが「保障する」という文言になっています。

　表現の自由を国が「保証」するのではなく、私の、あなたの、一人一人の表現の自由を、国に手出しさせず「保障」することを約束します、というのが21条1項の条文の意味です。

　私や、あなたや、一人一人の個人が統治権を信託した憲法という約束において、真っ先に、大前提の、最重要の、大黒柱として確保すべき、人間にとって必要不可欠な基本的人権だからこそ「保障する」と明記してあります。

精神的自由権は、かけがえのない命綱

　日本国憲法の「第三章　国民の権利及び義務」のそれぞれの条文を見てみると、「保障する」以外にもいろんな言い方がしてあります。

　もっとも強いガードが働いているのは、思想及び良心の自由を定める19条です。

　　　思想及び良心の自由は、これを侵してはならない。

　ここで「侵してはならない」と断定しているのは、絶対不可侵という意味です。前述した21条１項の「保障する」も頑強な文言ですが、さらに強い言い方になっています。
　個人の心の中は絶対領域であって、誰も手出ししてはなりません。心の自由が100％絶対であることは、人間が自由に生きるためのスタートラインだからです[*1]。
　同じく29条も、１項で財産権について「財産権は、これを侵してはならない」というのですが、続く２項では、

　　　財産権の内容は、公共の福祉に適合するように、法律でこれ
　　　を定める。

と、財産権を法律で制約する余地を残しています[*2]。
　同じ「侵してはならない」という文言でも思想・良心の自由とは大違いですが、扱いに差があるのはなぜでしょう。
　思想・良心の自由や、信教の自由、表現の自由、学問の自由といった人間の精神活動に関わる自由や権利を、精神的自由権といいます。
　財産権や、職業選択の自由、居住・移転の自由といった人間の経済活動に関わる自由や権利を、経済的自由権といいます。
　もちろん、どちらもかけがえのない人権です。誰であれ侵害してはなりません。
　ただ、一人一人の個人の尊厳においてどちらの権利も必要不可欠であることに変わりなくても、表現の自由をはじめとする精神的自由権には、もうひとつ役割があります。
　それは、民主主義の社会を形づくるという役割です。

自分はこう思う。それはおかしいんじゃないか。もっとこうして
ほしい。理論的に考えると、こうすべきだ……。そういった思想
や信条、言論や学究などの精神的な活動が、世の中を照らし、
社会を動かし、私が、あなたが、一人一人が、自分の共同体で
ある国に何を望み、何を退け、何を支持し、何をめざすか、など
を決めるときの展望そのものになりえるからです。

　だからこそ精神的自由権は、一人一人の個人にとっても、民主
主義の社会にとっても、なくてはならない命綱のような権利なの
です。

＊1　心の中で何を思おうとも、それが内心に留（とど）まるかぎりは誰に影響を及ぼすことも
なく、100％絶対に自由です。ただし、その思いを口にしたり、態度に表わしたりしたら、
もうそこは外です。心の中ではありません。
＊2　29条1項の主な意味は、一人一人の個人が財産を得たり持っていたりする権利
一般を法制度として保障するものと考えられます。2項は、個人が実際に所有する具体
的な財産に関する権利の内容が、法律によって制約されうることを定めています。

大日本帝国憲法
第二十九条　日本臣民ハ法律ノ範囲内ニ於テ言論著作印行集会及結社ノ自由ヲ有ス
第二十六条　日本臣民ハ法律ニ定メタル場合ヲ除ク外信書ノ秘密ヲ侵サルヽコトナシ

私のあなたの自由と人権の話

その3

私（女性）の自由とジェンダー平等

女性が自由じゃないと、人間は自由じゃない

ジェンダー平等について憲法では14条で平等原則を、24条で家庭生活における男女平等を定めています。かつて婚姻は結婚する当人だけでなく、家長の同意を必要とするなど〈家〉という制度に縛られていました。24条は、女性を〈家〉制度から自由にするものです。さらに今日では同性婚の法制化が待たれます。もちろん女性の活動の場は家庭だけではありません。選択的夫婦別姓を含め、幅広く具体的な女性の自由や権利を保障して差別を禁じる「女性差別撤廃条約」や、ジェンダー平等とは誰にとって大切かを語る俳優エマ・ワトソンの国連スピーチをどうか心に留めてください。当然の人権が、当然に保障されるように。

女性を差別するものは、
伝統的な慣習だろうとなくす

女性差別撤廃条約（抜粋）

女性を差別するものは
いまある法律だろうと、
規則だろうと、
伝統的な慣習だろうと、
ステレオタイプな慣行だろうと、
ありとあらゆる断固とした手立てで（立法も含めて）
変えること
または、なくすことを約束するよ。　　　　　　　　（2条（f））

女性が男性と平等に
自分の可能性を開花させるために
どんどん羽ばたいていけるように
ありとあらゆる
断固とした対策だって打つ。

法律を作ってでも、するからね。　　　　　　　　　　（3条）

もし女性が

理不尽に不利な立場に置かれているとき

女性と男性が

実際に平等になるように

女性を一時的に優遇するテコ入れを

「逆差別だー」

なんて言うのは、おかしい。 （4条1項）

付け加えておくと、

母性の立場にある人を

特別に手厚く保護したときに

（この条約で約束した内容を含めて）

その保護を

差別だなんて言ってはだめ。 （4条2項）

はっきり言えば、

行政の支援にしても

男親の育児や家事にしても

本当は自分がやるべき仕事なのにサボってないで

女親にばかり負担を押し付けっぱなしは許されない、と

学べる教育をすること。

何より、どんな場合でも
子どもの利益をいちばんに考えて。 （5条（b））

雇用にまつわる女性差別は、
念入りに対策を打つ必要がある。 （11条1項）

結婚や出産を理由にした女性差別も
防がなきゃならない。 （11条2項）

農村で暮らす女性は、
農村ならではの問題と向き合いながら
家族の生計を支える大きな役割を果たしてる。

しかも、その役割は、
たとえ金銭のやりとりがなくても
経済的に価値ある仕事なんだ。

そのことをけっして忘れない。 （14条1項）

結婚生活や家族関係について

特に男女平等に基づいて

私の国は

以下の権利について

法制化すると約束したからね。 （16条1項）

妻は、

夫は、

自分の姓を自由に選択できる個人的な権利。 （同 （g））

ほんの70数年前まで、女性は選挙で投票することができませんでした。

戦後に民主主義のあり方を根本から改めて、1945年に「衆議院議員選挙法」を改正し、女性がやっと国政における参政権を獲得します。翌1946年に行なわれた戦後初の衆議院議員総選挙では、約1,380万人の女性が初めて投票し、39人の女性の国会議員が誕生しました。普通選挙のはじまりです。続く1947年にいまの憲法が施行されて、女性が当然持つべき参政権が明文で保障されます。でもそれはほんの序の口で、男尊女卑の差別意識はいまだにしつこく社会にこびりついています。

「女性差別撤廃条約 *」（女性に対するあらゆる形態の差別の撤廃に関する条約）は1979年の国連総会で採択されました。日本は1985年に締結しています。条約締約国は2023年2月現在、189か国です。

さらに「女性差別撤廃条約」では念には念を入れ、選択議定書というものを作りました。この選択議定書は、世界中の女性にとっての駆け込み寺です。批准（＝条約に最終的に合意）した国では、女性差別の被害に遭った人が、国内の救済措置を受けた上で、国際機関に直接通報できるようになります。選択議定書が定める委員会が調査もできます。

日本は、選択議定書に批准していません（2023年2月現在）。

＊「女性差別撤廃条約」の原文出典である外務省邦訳では「women」を
「女子」としていますが、この本では「女性」と訳しています。

女子に対するあらゆる形態の差別の撤廃に関する条約〔女性差別撤廃条約〕〔抜粋〕
第二条（f）女子に対する差別となる既存の法律、規則、慣習及び慣行を修正し又は廃止するためのすべての適当な措置（立法を含む。）をとること。
第三条　締約国は、あらゆる分野、特に、政治的、社会的、経済的及び文化的分野

において、女子に対して男子との平等を基礎として人権及び基本的自由を行使し及び享有することを保障することを目的として、女子の完全な能力開発及び向上を確保するためのすべての適当な措置（立法を含む。）をとる。

第四条 1　締約国が男女の事実上の平等を促進することを目的とする暫定的な特別措置をとることは、この条約に定義する差別と解してはならない。ただし、その結果としていかなる意味においても不平等な又は別個の基準を維持し続けることとなってはならず、これらの措置は、機会及び待遇の平等の目的が達成された時に廃止されなければならない。

2　締約国が母性を保護することを目的とする特別措置（この条約に規定する措置を含む。）をとることは、差別と解してはならない。

第五条（b）家庭についての教育に、社会的機能としての母性についての適正な理解並びに子の養育及び発育における男女の共同責任についての認識を含めることを確保すること。あらゆる場合において、子の利益は最初に考慮するものとする。

第十一条 1　締約国は、男女の平等を基礎として同一の権利、特に次の権利を確保することを目的として、雇用の分野における女子に対する差別を撤廃するためのすべての適当な措置をとる。

2　締約国は、婚姻又は母性を理由とする女子に対する差別を防止し、かつ、女子に対して実効的な労働の権利を確保するため、次のことを目的とする適当な措置をとる。

第十四条 1　締約国は、農村の女子が直面する特別の問題及び家族の経済的生存のために果たしている重要な役割（貨幣化されていない経済の部門における労働を含む。）を考慮に入れるものとし、農村の女子に対するこの条約の適用を確保するためのすべての適当な措置をとる。

第十六条 1　締約国は、婚姻及び家族関係に係るすべての事項について女子に対する差別を撤廃するためのすべての適当な措置をとるものとし、特に、男女の平等を基礎として次のことを確保する。

（g）　夫及び妻の同一の個人的権利（姓及び職業を選択する権利を含む。）

お互いの合意のみが唯一の条件

日本国憲法　24条

　　1

私は　あなたと
あなたは　私と
「結婚します」という
お互いの合意
のみが
結婚成立の唯一の条件

それ以外　何の条件も付け足してはだめ

結婚したら
パートナー同士って対等な関係だから
つまり
私はあなたと完全に同等の権利を持ってる
ということ

家事も
育児も
その他いろいろ

お互い協力し合って
関係を維持すること

　2

誰を結婚相手に選ぶか
結婚したとき
万が一離婚したとき
財産はどうなるか
私やパートナーの相続のこと
住居の選び方
離婚についてフェアなルールをどう定めておくか　など
婚姻や家族のあれこれについて
くれぐれも国会は
個人の尊厳こそ何より大事で
性別にかかわらず人間は本質的に平等だ
という原則に立って
法律を定めなきゃいけない

日本国憲法
第二十四条　婚姻は、両性の合意のみに基いて成立し、夫婦が同等の権利を有することを基本として、相互の協力により、維持されなければならない。
2　配偶者の選択、財産権、相続、住居の選定、離婚並びに婚姻及び家族に関するその他の事項に関しては、法律は、個人の尊厳と両性の本質的平等に立脚して、制定されなければならない。

わざわざ不公平にする理由って
なんにもない

札幌地方裁判所判決 2021 年 3 月 17 日（抜粋）

異性愛者と同性愛者の違いって
性的指向が違うだけ
しかも性的指向って
人の意思で選んだり変えたりできないもの

だったら
異性愛者は結婚できるのに
　　（結婚で得られる法的効果があるのに）
同性愛者はできないのって
　　（そんな法的効果がなんにもないのって）
変じゃない？　不公平じゃない？
わざわざ不公平にする理由って
なんにもなくない？

そういう法的なメリットは
異性愛者でも　同性愛者でも
ちゃんとあるようにしなくっちゃ
平等ってそういうことだよ

同性婚が法制化されない現状は「憲法違反」

憲法24条1項には「婚姻は、両性の合意のみに基いて成立し」と定められていますが、この条文は同性婚を否定しているわけではなく、むしろ、同性婚を望む人が婚姻による法律上の利益（法的効果）を全く得られないのは「〔立法府の〕裁量権の範囲を超えた〔…〕差別取扱いに当たる」として「〔法の下の平等を定める〕憲法14条1項に違反する」と、この札幌地裁判決は判断しています。

さらに2022年11月に東京地方裁判所の判決で、同性婚が法制化されていない現状は「人格的生存に対する重大な脅威、障害」で憲法24条2項に反する違憲状態だと言い渡されました。具体的な婚姻の法的利益としては、パートナーの財産の相続権や、所得税の配偶者控除、離婚の際の財産分与、パートナーが亡くなった後にも、ともに暮らしてきたパートナー名義の家に住み続けられる居住権などがあります。現在、各地方自治体でパートナーシップ制度を設ける動きが全国的に広がっています。ただ、そうした制度でも婚姻と同じ法的な効果や利益が得られないのは、札幌地裁判決の言うとおりです。同性愛者の婚姻の平等を保障するためには、やはり同性婚の法制化が不可欠です。

札幌地方裁判所判決 2021年3月17日　事件番号 平成31（ワ）267〔抜粋〕
事実及び理由　第3 当裁判所の判断
3 本件規定が憲法14条1項に違反するか否かについて（争点（1）関係）（3）イ
〔…〕異性愛者と同性愛者の差異は、性的指向が異なることのみであり、かつ、性的指向は人の意思によって選択・変更できるものではないことに照らせば、異性愛者と同性愛者との間で、婚姻によって生じる法的効果を享受する利益の価値に差異があるとする理由はなく、そのような法的利益は、同性愛者であっても、異性愛者であっても、等しく享有し得るものと解するのが相当である。〔…〕

親密で他の誰も立ち入れない
永久結合関係

司法院大法官第748号解釈施行法〔抜粋〕

同性のふたりは

いっしょに暮らすために

親密で

他の誰も立ち入れない

永久結合関係を

結べる

つまり

結婚できる　　　　　　　　　　　　　　　　　〔2条〕

2条の関係は

ふたり以上の証人がサインした婚姻届を

司法院の憲法解釈およびこの法律により

結婚するふたりが

戸籍の窓口に出したらOK

ようは

普通の婚姻届

ねぇ　ほんとうは

ジェンダー平等って　こんなにかんたん　　　　　〔4条〕

アジア初。同性婚の法制化

中華民国（台湾）では、2017年に司法院が、同性婚の制度がない民法の規定は憲法違反であるという憲法解釈を示して、2年以内の法律改正または制定を立法院（国会）に求めました（司法院大法官第748号解釈）。しかし翌年、同性婚をめぐる国民投票で反対多数となります。そこで行政院（内閣）は民法改正ではなく「司法院大法官第748号解釈施行法」という特別法案を立法院に提出。2019年に、台湾の立法院はアジアで初めて同性婚を法制化しました。

憲法を重んじ、司法府の判断に耳を傾け、行政院も立法院も法制化に応じた台湾のあり方こそ、まさに民主主義のあるべき姿ではないでしょうか。国民投票で多数が反対したのに、なぜ同性婚の権利が保障されるのかといえば、法の下の平等という基本的人権の原則は、多数決でも覆せない根本ルールだからです。そもそも少数者の権利を多数派の考えで決めようとすること自体、数の力をふりかざす乱暴な話に思われます。

さらに2023年1月に、台湾は従来の解釈を変更し、台湾人の婚姻相手の国や地域が同性婚を法制化していない場合でも、婚姻届を受理することにしました（但し、香港とマカオを除く中国は現在登録手続上の問題で対象外）。国や地域の違いを越えて、法の下の平等という普遍の原則を優先させるこの判断に台湾の人権意識の高さがうかがえます。

司法院釋字第七四八號解釋施行法（司法院大法官第748号解釈施行法）〔抜粋〕
第2條　相同性別之二人、得為經營共同生活之目的、成立具有親密性及排他性之永久結合關係。
第4條　成立第二條關係應以書面為之、有二人以上證人之簽名、並應由雙方當事人、依司法院釋字第七四八號解釋之意旨及本法、向戶政機關辦理結婚登記。

そんなつもりもないフェミニスト

エマ・ワトソン 国連スピーチをめぐって

　なぜ日本では、いまだに公の場でさえ女性差別がなくならないのでしょう。さすがに変です。もしかしてこの問題は女性 vs 男性ではなく、差別反対だけど何もしない人 vs 行動的な差別主義者ではないでしょうか。だとしたら、まずは、女性差別の問題とまっすぐに向き合い、フェミニズムの大切さを語る一人の人間の声に耳を傾けたいと思います。

　俳優のエマ・ワトソンは、国連の UN Women 親善大使に選ばれて、2014年9月20日にニューヨークの国連本部でスピーチしました。話は、ある違和感についての気づきからはじまります。

　　　フェミニズムについて話せば話すほど、
　　　女性の権利を勝ち取ろうとすることが
　　　あまりにも頻繁に
　　　男性嫌悪の意味にすり替わってしまうんです。
　　　こんなのもう終わりにしなきゃいけません。

　実のところ、フェミニズムの定義というのは「男女が平等な権利とチャンスを持つべきという信念」や「政治・経済・社会の場で、誰もが性別に関わりなく平等であるための理論」だとエマ・ワトソンは言います。それってジェンダーの平等を求めているだけです。何も男性を敵に回そうという話ではありません。

　　私は14歳のとき、ある種のメディアのせいで
　　性的な目で見られ出しました。
　　15歳のとき、女の子の友だちが
　　どんどんスポーツチームをやめていきました。
　　「体格がいい」って思われたくなかったからです。
　　18歳のとき、男の子の友だちは、
　　本当は自分がどう感じてるのか、
　　表現したくてもできなくなりました。

　男は男らしく、という言い方があります。男らしくないと見なされれば、男性だって肩身の狭さを感じます。ゴキブリが苦手とか、酒に弱いとか、おばけがこわいとか、詩が好きとか、そういうことです。

　フェミニズムというと女性のためのものと思われがちですが〈個人の感じ方やふるまい、立場などを、性別によって型にはめないで〉という話なら、男性にとっても、自分らしく、自由に、健やかに生きるための大事な考え方じゃないでしょうか。

　ところがSNSなどでも日々感じることですが、フェミニストの発言に対して、あっという間に湧いてくる誹謗中傷の数々……。あれはいったい何なんでしょう。なぜそんなにフェミニズムを憎むのでしょう。

　同じ仕事をすれば、男性の同僚と同じ報酬を受け取ること。自分の身体のことを自分自身で決めること。女性が国会議員になること。女性が男性と同じように尊重されること。それらは正当な権利だと思う、とエマ・ワトソンは語ります。でも……。

　　でも悲しいことに、こうも言えてしまいます。
　　いま挙げた権利を享受している、と

すべての女性が思える国なんて
　　世界中のどこにもありません。
　　ジェンダー平等を達成したと言える国は、
　　世界中どこを探してもまだないんです。

　聞いていると、心が、ちくんとします。男性である自分が、女性に不利益を負わせる側にいることがつらくなります。だから、フェミニストの話には耳をふさぎたくなるのでしょうか。責められている気がして。あるいは、自分は人前で物を言う勇気がないのに、堂々と主張するフェミニストを見るとイライラするとか？　そういう理由なんでしょうか。フェミニズムって、見たくもない現実を突きつけてくる、ご立派なきれいごと、でしょうか。
　けれどエマ・ワトソンが例に挙げた女性の権利を見ると、どうでしょう。同一業務の同一報酬も、自分の身体の決定権も、女性議員の選出も、男性同様に尊重されることも、どれも普通のことではないでしょうか。何も特別な権利を求めてはいません。女性を不当に低く扱わないでほしいと言っているだけです。

　　私の人生は、降って湧いた幸運の塊みたいなものです。
　　だって両親は、生まれたのが娘だったからって
　　私を愛してくれないなんてことありませんでした。
　　学校も、女の子だからって、私を枠にはめませんでした。
　　それに先生たちは、いつか出産するかもといって
　　私の可能性を低く見積もりませんでした。

　　たくさんのものを与えてくれたこの人たちは、
　　ジェンダー平等の親善大使です。
　　おかげで私は、いまある私になれたんです。

本人たちには、そんなつもりもなかったかもしれません。
でもこの人たちこそ、今日も世界を変えてる
そんなつもりもないフェミニストなんです。
もっと、もっと、もっとたくさんいてほしい人々です。

〈私〉には人権があるけれど〈あなた〉はそうではない、というとき、もうすでに〈私〉の人権も傷つけられています。誰もが生まれつき持っているのが、人権だから。世界中のすべての人が持っていて、当然だから。もし人権を持つ人と、人権を持たない人がいるとしたら、あらゆる人間の生来の権利という人権の前提が損なわれ、世界中の一人一人にとっての人権が傷つけられたも同然です。すぐにでも傷つける要因を取り去って人権を回復させなくてはなりません。でも、どうやって？　そんなつもりもないフェミニストが、もっともっとたくさん現われることによって。

　　男性だって、女性だって、
　　繊細な自分でいられる権利があるはずです。
　　男性だって、女性だって、
　　強い自分でいられる権利があるはずです。

　　もう私たち全員が
　　気づいてもいい頃じゃないでしょうか。ジェンダーって、
　　ふたつの考え方の対立なんかじゃありません。
　　ひとつながりの未来予想図です。

すべての女性が、生まれつき自由を持つこと。誰の人権も奪われることなく、誰もステレオタイプな性別のイメージで型にはめられないで、一人一人が平等で、自由で、人権を持つこと。そのた

めに声を上げているのが、フェミニストなのだとしたら……。

きれいごとというのは、理想です。理想を願う心です。いままでは憲法で保障されるまでになった人権の歴史そのものが、理想を高め、心を深める歩みでした。だとしたら、いま声を上げているフェミニストこそ、理想を現実に変えようとする、いつの時代も新しい道を切り開いてきた人間の普遍的な姿じゃないでしょうか。

男は男らしく、女は女らしく、というのは一つの価値観です。そういう価値観で生きたい人はそうすればいいことです。何の問題もありません。人の生き方は自由ですから。そして、男らしさや女らしさに縛られずに生きたい人にも、私は私の好きに生きたい、と自分自身で自分の道を選び取る決定権があるんじゃないでしょうか。それも自由じゃありませんか。

こんなにシンプルな話が、一人一人が自由に生きればいいだけの話が、どうしてこじれるのか、よくわかりません。考えられることといえば、たとえば男女間に差をつけると結果的に、社会をよくするために団結が必要なときでも男女の足並みが揃いづらくなり、だんだん女性のみならず少数者への差別を差別とも感じない鈍さが社会に蔓延し、ひいては社会をよりよく変えていく力が弱まるということがありそうです。そんな鈍さにも挫けずに、フェミニストは〈誰もが平等です〉という至極大切なことを伝えています。根気づよく。何度も何度も。

イギリスの政治家エドマンド・バークは、こう言いました。

「悪が勝つ条件は、ひとつだけ。
善良な人々が何もしなければいい」

〈善良な人々が何もしない〉というのは、どういう状態なのか。

国政選挙の投票率さえ低水準にある、いまの日本を見ればわかる気がします。女性の身体のこと（性や出産を含め自分の身体のことを自分で決める権利とか）にしても、婚姻における少数者の権利（同性婚や選択的夫婦別姓など）にしても、ましてや女性差別をなくすための選択議定書の批准にしても、なぜかちっとも制度や仕組みが変わらないとき「それはおかしい」、「変えようよ」と声に出すのはやっぱり勇気が要ります。そんなときどうしたらいいのか、エマ・ワトソンが勇気のふるい方をひとつ教えてくれました。

　　　このスピーチのことを考えて心細くなるたび、
　　　本当に私でいいのか不安になるたび、
　　　自分の心に固く言い聞かせました。

　　　私にはできない？
　　　じゃあ、誰がするの。
　　　if not me, who,

　　　いまは無理？
　　　じゃあ、いつするの。
　　　if not now, when.

　これは魔法の言葉でしょうか。胸の内で唱えたとき本当に勇気が湧いてきたなら、そうとも言えるかもしれませんが、生身の人間が、それこそありったけの勇気をふりしぼって教えてくれたからこそ、重みのある言葉として説得力を帯びているように思えます。ですからこれはきっと普通の人間が闘うための言葉です。世の中を変えようと一歩を踏み出す、私にとって、あなたにとって。

Emma Watson HeForShe Speech at the United Nations | UN Women 2014〔抜粋〕

〔…〕 I have spoken about feminism the more I have realized that fighting for women's rights has too often become synonymous with man-hating. If there is one thing I know for certain, it is that this has to stop. 〔…〕

For the record, feminism by definition is: "The belief that men and women should have equal rights and opportunities. It is the theory of the political, economic and social equality of the sexes." 〔…〕

When at 14 I started being sexualized by certain elements of the press.

When at 15 my girlfriends started dropping out of their sports teams because they didn't want to appear "muscly."

When at 18 my male friends were unable to express their feelings. 〔…〕

I 〔…〕 think it is right that as a woman I am paid the same as my male counterparts. I think it is right that I should be able to make decisions about my own body. I think it is right that women be involved on my behalf in the policies and decision-making of my country. I think it is right that socially I am afforded the same respect as men. But sadly I can say that there is no one country in the world where all women can expect to receive these rights.

No country in the world can yet say they have achieved gender equality. 〔…〕

My life is a sheer privilege because my parents didn't love me less because I was born a daughter. My school did not limit me because I was a girl. My mentors didn't assume I would go less far because I might give birth to a child one day. These influencers were the gender equality ambassadors that made me who I am today. They may not know it, but they are the inadvertent feminists who are changing the world today. And we need more of those. 〔…〕

Both men and women should feel free to be sensitive. Both men and women should feel free to be strong… It is time that we all perceive gender on a spectrum not as two opposing sets of ideals. 〔…〕

English Statesman Edmund Burke said: "All that is needed for the forces of evil to triumph is for enough good men and women to do nothing."

In my nervousness for this speech and in my moments of doubt I've told myself firmly—if not me, who, if not now, when. 〔…〕

出典：国連広報センター

私のあなたの自由と人権の話

私（子ども・未成年）の自由

未成年にだって権利がある by 世界

自由や権利は、大人だけのものじゃありません。未成年にだって（０歳からティーンまで）、もちろん自由や権利があります。憲法26条の教育を受ける権利も大事ですし、国際社会が普遍的な人権として未成年の権利の大原則を打ち立てた「子どもの権利条約」や、学校の無償化などについて定めた「社会権規約」も大事です。他方で国内では、戦後の平和教育の理念を掲げた「教育基本法」〔旧〕が改正され、愛国心を教え込む方針へ……おっと危ない。

きみは、無限だ

日本国憲法　26条

1

きみは、無限だ。
自由で、やわらかくて、
可能性に満ちてる。

何を感じ、何を思い、何を楽しみ、
何を知り、何を学び、何を考えるか。

これからきみが、どんな道を歩んでいくか、
想像もつかないほど可能性に満ちてる。

きみという
次の世代の人が
健やかに、文化的に、誰でも生きたいように生きられるように
貧富の差が、教育の差にならないように
間違っても戦前や戦時中みたいな
権力に都合のいい教育を押し付けないように
という願いとともに、ここに刻んでおく。

きみには、

この国の一人一人の新しい人には、

（それから私たち大人にも）

法律の定めるところにより

年齢や学ぶ力に応じて

等しく

教育を受ける権利がある。

2

この国の大人はみんな、

親（保護者）になったら

法律の定めるところにより

子どもに普通教育を受けさせる義務がある。

そして国は

貧富の差や、地域の差など

社会の格差が教育の差にならないように

次の世代の一人一人のためにも

将来の社会のためにも

公平で公正な公教育を行なわなきゃならないのは

言うまでもないけれど

あえてひとつ言っておくと、

義務教育は、無償とする。

憲法はこの26条のように「法律の定めるところにより」として、細かく具体的な事柄を法律に委ねることがあります。ほんらい国会は、憲法の理念に従って法律を作るべきですが、2006年に改正した「教育基本法」〔新〕では、生徒や教員の思想・良心の自由を侵すおそれのある愛国心教育を復活させました（p75以下参照）。なぜそんなことが起きるのでしょう？　憲法59条は、衆議院と参議院が両方とも賛成するか（1項）、参議院が反対しても衆議院でもう一度話し合い、2/3以上の議員の賛成があれば（2項）、法案を通せると定めています。つまり両議院で賛成に必要な過半数の議席を得るか、衆議院で2/3以上の議席を占めれば、思いどおりに法律を作れるということです。裁判所は違憲が疑われる法律を審査できますが（憲法81条）、ほかにも憲法の有力な守護者がいます。しっかりと目を光らせて、政治を審判するのは、この国の主権者である国民＝一人一人の「私」です。

日本国憲法

第二十六条　すべて国民は、法律の定めるところにより、その能力に応じて、ひとしく教育を受ける権利を有する。

2　すべて国民は、法律の定めるところにより、その保護する子女に普通教育を受けさせる義務を負ふ。義務教育は、これを無償とする。

第五十九条　法律案は、この憲法に特別の定のある場合を除いては、両議院で可決したとき法律となる。

2　衆議院で可決し、参議院でこれと異なつた議決をした法律案は、衆議院で出席議員の三分の二以上の多数で再び可決したときは、法律となる。

第八十一条　最高裁判所は、一切の法律、命令、規則又は処分が憲法に適合するかしないかを決定する権限を有する終審裁判所である。

私には、
自分の考えを言う権利がある

子どもの権利条約（抜粋）

子どもというのは、18歳未満の人のこと。

ただし、もし法律で成人になっていたら、もう大人。

この条約は、私（＝子ども・未成年）の権利を、

大人たち（＝この条約を結んだ私の国）が守る

という約束。　　　　　　　　　　　　　　　　　　　　　　（1条）

私は、

あなたは、

一人一人のすべての子どもは、

生きる権利を

生まれつき持ってる。　　　　　　　　　　　　　　　　　（6条1項）

大人たちは、

私という子ども・未成年にとって

もっとも利益になることを

何よりも最優先しなきゃいけない。

公営・民間の社会福祉施設でも

裁判所でも、行政でも、立法機関でも。　　　　　　　（3条1項）

私が、
あなたが、
一人一人の未成年が、
生きること
そして
自分の力を存分に伸ばして成長することを
大人たちは
あらんかぎりすべての力をふりしぼって、
守ること。
支えること。　　　　　　　　　　　　　　　　　　（3条2項）

大人たちは、
私や親（保護者）の人種、肌の色、
性別、話す言葉、宗教、政治その他の考え、
出身、財産、心身の障害、生まれ……などが
何であろうと、
どんな差別もしちゃいけない。

大人たちには、
私の権利を尊重し、
ゆるぎないものにする責任がある。　　　　　　　　（2条1項）

大人たちは、

私が

親や保護者や家族の誰かの

地位や活動、意見、信念などを理由に

どんな差別や処罰も受けないように

ありとあらゆる適切な手立てを打つのが仕事。 （2条2項）

私が自分の考えを持つようになったら

関心のある物事について何でも

私には、

自分の考えを言う権利がある。

大人たちは、じゃましちゃだめ。

大人たちは、考えなきゃいけない。

私が言ったことを、

年齢や成長の度合いをふまえて

よくよく考えなきゃいけない。 （12条1項）

「児童の権利に関する条約」（子どもの権利条約）が採択され
たのは、1989年の国連総会でのことでした。日本は1994
年に批准し、条約の仲間入りをしています。2023年２月現在、
条約締約国・地域の数は196に及び、国連加盟国よりたく
さんの国々が加わった、世界でもっとも広がりを持つ人権条
約になっています。

この「子どもの権利条約」は４つの原則を掲げています。

①子どもの命を守ること（６条）

②子どもにとって最善の利益を最優先すること（３条）

③子どもに関わるどんな差別もなくすこと（２条）

④子どもの意見を聞くこと（12条）。

日本政府は、子どもにとって最善の利益を最優先するどころ
か、子どもを貧困から救うための子ども食堂すら民間に丸投
げしていますが、どれだけ約束を守れているのでしょう。

児童の権利に関する条約（子どもの権利条約）〔抜粋〕

第一条　この条約の適用上、児童とは、18歳未満のすべての者をいう。ただし、当
該児童で、その者に適用される法律によりより早く成年に達したものを除く。

第六条 1　締約国は、すべての児童が生命に対する固有の権利を有することを認める。

第三条 1　児童に関するすべての措置をとるに当たっては、公的若しくは私的な社会
福祉施設、裁判所、行政当局又は立法機関のいずれによって行われるものであっても、
児童の最善の利益が主として考慮されるものとする。

2　締約国は、児童の父母、法定保護者又は児童について法的に責任を有する他の
者の権利及び義務を考慮に入れて、児童の福祉に必要な保護及び養護を確保すること
を約束し、このため、すべての適当な立法上及び行政上の措置をとる。

第二条 1　締約国は、その管轄の下にある児童に対し、児童又はその父母若しくは法
定保護者の人種、皮膚の色、性、言語、宗教、政治的意見その他の意見、国民的、
種族的若しくは社会的出身、財産、心身障害、出生又は他の地位にかかわらず、いか
なる差別もなしにこの条約に定める権利を尊重し、及び確保する。

2　締約国は、児童がその父母、法定保護者又は家族の構成員の地位、活動、表明
した意見又は信念によるあらゆる形態の差別又は処罰から保護されることを確保するた

めのすべての適当な措置をとる。

第十二条 1　締約国は、自己の意見を形成する能力のある児童がその児童に影響を及ぼすすべての事項について自由に自己の意見を表明する権利を確保する。この場合において、児童の意見は、その児童の年齢及び成熟度に従って相応に考慮されるものとする。

貧富の格差が、
教育の格差にならないように

社会権規約（抜粋）

中学校はもちろん
高校だって
特別支援学校の高等部だって
高等専修学校だって
（技術を身につけたり
職業を覚えたりするための中等教育も）
だんだんと無償化することを約束する。
ありったけの手立てを尽くして
生徒が入りやすいように
通いやすくなるように
誰にでも学べる機会があるようにするんだ。

だって、学ぶということは
私の、あなたの、一人一人の可能性を
広げたり形にしたりするってことだから。

勉強して、研究して、発見してきたおかげで
その成果が世の中にもたらされてる。

次の世代の教育に力を入れるのは、
それ自体が共同体の豊かさなんだ。　　　　　　　　　（13条2項（b））

だから大学もそう。
専門学校も、高等専門学校も、
しだいに無償化するよ。
ありとあらゆるいい方針を打ち出して
能力に応じて、誰もが等しく
学べる機会を得られるようにしなくっちゃ。　　　　　（同　（c））

それと肝心なこと！
学校を卒業したとたん、
奨学金という名の学生ローンの返済が
何百万円ものしかかってくるなんて
若い世代の未来をつぶすようなものでしょう？
貧富の格差が、
教育の格差にならないように
国は（国会は、政府は、政治家は、官僚は）
本当に学生のためになる奨学金（給付制）を用意して。

あとね、ロボットじゃないんだから
先生をはじめ教職員の労働条件を
つねに改善するように。　　　　　　　　　　　　　（同　（e））

人間が人間らしく社会で生きられるように「経済的、社会的及び文化的権利に関する国際規約」（社会権規約、A 規約）は、1966年に国連総会で採択されました。教育の無償化や奨学金などについて、この13条2項ではっきり定めています。こちら↓の原文もどうぞその目でしっかりと確かめてみてください。

経済的、社会的及び文化的権利に関する国際規約（社会権規約、A 規約）〔抜粋〕

第十三条 2　この規約の締約国は、1の権利〔教育についてのすべての人の権利〕の完全な実現を達成するため、次のことを認める。

(b)　種々の形態の中等教育（技術的及び職業的中等教育を含む。）は、すべての適当な方法により、特に、無償教育の漸進的な導入により、一般的に利用可能であり、かつ、すべての者に対して機会が与えられるものとすること。

(c)　高等教育は、すべての適当な方法により、特に、無償教育の漸進的な導入により、能力に応じ、すべての者に対して均等に機会が与えられるものとすること。

(e)　すべての段階にわたる学校制度の発展を積極的に追求し、適当な奨学金制度を設立し及び教育職員の物質的条件を不断に改善すること。

コラム

教育は、権力に左右されないで

教育基本法〔旧・新〕の大切さと危うさ

　戦後の平和教育は、第二次世界大戦に対する深い反省に基づいています。国民一人一人が自由で、平等で、人権を持つこと、平和を愛することを大切にするとともに、二度と子どもの心を軍国主義に染め上げることのないように、国家が児童生徒に愛国心と称して国への盲目的な忠誠心を教え込む、危険な思想教育は退けられました。

　日本国憲法と理念を共有する教育基本法〔旧〕（改正前の教育基本法　昭和22年法律第25号）は、教育の憲法とも言えるもので、敗戦から2年後の1947年に制定されます。

不当な支配に服することなく
教育基本法〔旧〕10条1項

教育は、
不当な支配に服することなく、
国民全体に
直接責任を負って
（＝権力に左右されないで）
行なわれるべきもの。

75

男女はお互いに敬い
同　5条

戦前は旧制高等学校への入学が
女子には認められないなどの差別があったから
男女共学の大切さを特筆しておくけれど、
男女は
お互いに敬い尊重して
協力し合わなければならないもの。
教育の上で
男女の共学は
認められなくてはならない。

　ところがその後、教育基本法は、2006年に愛国心や伝統の尊重を盛り込んだ形で改正され、いまに至ります。
　教育基本法〔新〕（改正後の教育基本法　平成18年法律第120号）は、男女共学を定めた〔旧〕5条をなくしました（条文のどこかにちょこっと男女平等の文字を紛れ込ませただけです）。そして、教育は「国民全体に対し直接に責任を負つて」という〔旧〕10条1項の文言を消しています。その代わり、権力がじかに口を出せるように、教育は「法律の定めるところにより行われるべき」（〔新〕16条1項前段）と書き換えました。
　おまけに教育の目標として、愛国心まで盛り込んでいます。

　物事の善し悪しを学ぶ過程にある子どもに「愛国心」を植え付けるように教育し、軍事費にどんどん国家予算をつぎ込んだ国がどんな末路をたどったか、歴史をふり返れば明らかです。子どもという、これから社会に出ていく新しい世代の人を大事にする世

の中は、一人一人の人間を大事にする世の中ではないでしょうか。

教育基本法〔旧〕
第五条　男女は、互に敬重し、協力し合わなければならないものであつて、教育上男女の共学は、認められなければならない。
第十条〔一項〕　教育は、不当な支配に服することなく、国民全体に対し直接に責任を負つて行われるべきものである。

教育基本法〔新〕
第二条 五
伝統と文化を尊重し、それらをはぐくんできた我が国と郷土を愛するとともに、他国を尊重し、国際社会の平和と発展に寄与する態度を養うこと。
第十六条〔一項前段〕
教育は、不当な支配に服することなく、この法律及び他の法律の定めるところにより行われるべきものであり、〔…〕

出典：『六法全書 I 平成17年版』（青山善充・菅野和夫編集代表、有斐閣）

私のあなたの自由と人権の話

人間らしく
私が
働く権利

その5

働く人の立場を守る憲法 vs 弱める動き

憲法は27条で働く権利を、28条で労働者の団結権
と団体行動権を定めて、働く人を守っています。憲
法誕生の前後には、労働者を守るさまざまな法律も
作られました。ところが、だんだん時が経つにつれ、
働き手の立場を弱める動きが出てきます。ここでは
憲法27条と28条をはじめ働く人の権利を守る戦後
の労働法と、80年代以降に派遣社員を増やして正
社員を減らした政治の動きや労働者に冷たい新法、
そして最低賃金をめぐるヨーロッパの最近の動向な
ど紹介していきます。賃上げは好景気のはじまり。

人間らしく働いて
人間らしく暮らせるように

日本国憲法　27条

1

歴史をふりかえると
失業も
安すぎる給料も
ひどい労働環境も
ありふれていた。

でもそんなんじゃ
ちゃんと暮らせない。
働ける仕事があること
十分な給料（賃金や報酬など）が出ること
心身ともに健康に働ける労働環境であること
少なくともこの三つは欠かせない。

私も、
あなたも、
この国の一人一人誰でも、
働く権利を持っている。

それは、働く義務でもある。

※義務といっても、法律で強制的に働かせるのはNG。

私に
働く権利と義務がある
ということは
私が、
あなたが、
誰もが、
人間らしく働いて
人間らしく暮らせるように
国は手立てを尽くさなきゃならない
ということ。

　　2

給料
仕事の時間
休み
その他の働くためのルールについて
詳しくは法律で定めること。

3

子どもを
無理に働かせたり
こき使ったりしては、絶対にだめ。

日本国憲法
第二十七条　すべて国民は、勤労の権利を有し、義務を負う。
2　賃金、就業時間、休息その他の勤労条件に関する基準は、法律でこれを定める。
3　児童は、これを酷使してはならない。

『スイミー』みたいに
ひとつに団結して

日本国憲法　28 条

私が、

あなたが、

一人一人の誰もが、

人間らしく働いて

人間らしく暮らせるように

私たちには、

ひとつに団結する権利がある。

私たちは

絵本の『スイミー』みたいに

ひとつに団結して

大きくなって

「賃金を上げて」

「待遇や条件をよくして」

「勝手にクビにしないで」などなど……

会社と団体交渉する権利を持っている。

私たちには、

ストライキをする権利だってある。

国も、会社も、

私たちの団結をじゃましちゃいけない。

日本国憲法
第二十八条　勤労者の団結する権利及び団体交渉その他の団体行動をする権利は、
これを保障する。

人間として生活するために
必要なぶんを

労働基準法（抜粋）

労働条件は
私が、
あなたが、
この国の一人一人の誰もが、
人間として生活するために必要なぶんを
満たしてなきゃならない。 （1条1項）

この法律で決めたのは
ぎりぎりの最低ラインだから
会社は
「これぐらいでいいだろう」なんて
この最低ラインを言い訳にして
私の、
あなたの、
一人一人の、
給料、待遇、労働環境、
その他もろもろの労働条件を
切り下げちゃだめ。

むしろもっとよくできるように
会社は努力すること。 （同　2項）

いったいいつから
私と会社の間に割って入って、
私の稼いだ給料から抜き取る
「中抜き」なんて中間搾取が
はびこるようになったんだろう。

いまじゃすっかり
当たり前みたいな顔してる。
でも、それじゃあ
私がもともと受け取るはずだった
給料が手に入らなくなる。

だからもう一度、
この6条の原則を確かめておきたい。

たとえ誰だろうと
私が働いて稼いだ給料を
私と会社の間に割って入って
「中抜き」（＝中間搾取）するなんてビジネスはＮＧ。

但し、法律に基づいて許される場合を除いて……。 （6条）

働く人の権利を守る基本法

この「労働基準法」は、憲法の勤労の権利（27条）と労働基本権（28条）に基づいて、1947年にできました。労働者を守り、労働者の地位を向上させるために、企業（使用者）が守るべき労働基準を定めています。「労働組合法」、「労働関係調整法」と合わせて労働三法と呼ばれる、私が働く権利の基本法です。

派遣は本来、臨時で限定的なもの

「法律に基づいて許される場合」として、派遣法は1986年7月に施行されました。でも当時から「いったん労働者の派遣を許したら、あっというまに正社員の採用が減るんじゃないか？」と心配して法案に反対する声が国会で上がっていたのです。推進派は「いえいえ、派遣はあくまで臨時ですし、業務も限定的ですから」という言い訳をして派遣法を成立させてしまいます。

たしかに派遣法スタートの時点では、13の業務に限定されていました。ところが心配は的中し、派遣法実施からわずか3か月後の1986年10月に3業務を追加して、16業務に増やします。その後も業務を追加する一方で、ついに1999年、原則自由化します（物の製造や建設、警備、医療など一部を除く）。おまけに2004年には、物の製造業務まで派遣OKにして自由化を拡大しました。ほんと最悪。

もともと、あくまで臨時で業務も限定的だったはずの派遣業をどんどん広げて、本来なら正社員になることもできたであろう多くの人々に、低賃金や、厳しい労働条件、将来の不透明さなど数々の不利益を押し付けて、いまの日本社会の生きづらさを招いた元凶のひとつです。

労働基準法〔抜粋〕

第一条 労働条件は、労働者が人たるに値する生活を営むための必要を充たすべきものでなければならない。

2 この法律で定める労働条件の基準は最低のものであるから、労働関係の当事者は、この基準を理由として労働条件を低下させてはならないことはもとより、その向上を図るように努めなければならない。

第六条 何人も、法律に基いて許される場合の外、業として他人の就業に介入して利益を得てはならない。

働く私が、よりよい条件で働けるように

労働組合法（抜粋）

この法律は

私と、会社が、

対等な立場で交渉できるように

働く私、

つまり労働者の地位を上げるためにある。

働く私が、よりよい条件で働けるように

会社と対等に交渉する代表者を

選ぶためにある。

私たちが、

ひとつにまとまって、大きくなって、

堂々と行動できるように

自分たちで労働組合を作って団結するためにある。

私たちと

会社の間の決まりごとについて

労働協約を結ぶ団体交渉をしたり、

交渉の段取りをつけたりして

働く私の権利を勝ち取るためにある。　　　　　　　（1条1項）

働く人（労働者）が企業（使用者）と対等に交渉できるように「労働組合法」はあります。どん底の苦しい生活が続く、敗戦から4か月後の1945年12月に公布され、翌1946年3月にスタートしました。日本国憲法に先がけて作られた背景には、戦後の荒廃から一人一人が生活を立て直すために、一日でも早く法律を成立させる必要があったのです。その後1949年の法改正で、条文が口語体に変わっています。

労働組合法〔抜粋〕
第一条〔一項〕　この法律は、労働者が使用者との交渉において対等の立場に立つことを促進することにより労働者の地位を向上させること、労働者がその労働条件について交渉するために自ら代表者を選出することその他の団体行動を行うために自主的に労働組合を組織し、団結することを擁護すること並びに使用者と労働者との関係を規制する労働協約を締結するための団体交渉をすること及びその手続を助成することを目的とする。

派遣切りしたら、だめ

派遣法〈抜粋〉

派遣先の会社は、

派遣社員として働く私の

国籍

信条

性別

社会的身分

労働組合で活動したこと

を理由に

私を派遣切りしたら、だめ。 〈27条〉

　同じ労働者である派遣社員にも、もちろん団結権があります。でも本当は、派遣社員も正社員も一丸となって労働運動をできた方が、会社に対して力強く交渉できるはず。会社側からすれば、派遣社員と正社員という2つのグループに分かれると立場が別々で団結しづらくなって、おかげで賃上げや条件改善を要求する声が小さくなるという効果があります。

　自分たちの権利を求めて人々が団結して声を上げるとき、このままでは不利な権力者が一計を案じ、権利主張する人々の一部だけ優遇したり、逆に冷遇したり、あの手この手で分裂を誘うことがあります。これを「分断」というのですが、労働運動にかぎらず、生きる権利を主張する人々の声を弱める常套手段です。そんな手の込んだじゃまをするぐらい、人々が団結したときには、社会を変える大きな力を持つことができるんです。小さな魚が集まって、大きな魚を追い払ったスイミーたちのように。

労働者派遣事業の適正な運営の確保及び派遣労働者の保護等に関する法律（派遣法）
〔抜粋〕
第二十七条　労働者派遣の役務の提供を受ける者は、派遣労働者の国籍、信条、性別、社会的身分、派遣労働者が労働組合の正当な行為をしたこと等を理由として、労働者派遣契約を解除してはならない。

参考：レオ・レオニ作、谷川俊太郎訳『スイミー』（女子学社）

いままで会社のために
働いてきてくれた私のことを

労働契約法（抜粋）

私が

契約社員として　　　　　　　　　　　　　　　　　　（19条）

いままで

契約満了と更新をくり返してるのに

いきなり会社が

「もう更新しませんよ」と告げるのが

実際はクビにするのと変わらないときや　　　　　　　（同　一）

契約満了しても

きっとまた更新されるに違いない、と

私が期待することに

もっともな理由があるときは

もし私が

契約満了までの間に

「更新したい」と

会社に伝えたら、更新できる。

契約満了の後すぐに

「また同じように働きたい」と
会社に伝えたら、再契約できる

いままで会社のために
働いてきてくれた人（＝私）のことを
よっぽどの理由がないかぎり
会社は断れない。 （同　二）

働く私のための相談窓口が開かれていること

　ほんとうは、働く人（労働者）と企業の雇用関係について定めるのは、労働者を守るために作られた「労働基準法」の役割です。なのに、雇用関係について企業により有利な条文をのせた「労働契約法」ができたのは2007年のことでした。なし崩し的に、どんどん働く人の立場が弱められています。ですから、いまの働きづらさや生きづらさは、自分の選択やスキル不足のせいではなく、国の政策によるものです。派遣で働いていると、誰からも守られていないような不安を感じることもあるかもしれませんが、それでも、いまも「日本国憲法」の27条と28条が労働者の権利を保障していること、非正規雇用の問題に取り組む、個人で入れる労働組合があること、そして「労働基準法」や「労働組合法」に基づいてハローワークや各都道府県の総合労働相談コーナーなど、働く私のための相談窓口が開かれていることをどうか心に留めておいてください。

労働契約法〔抜粋〕

第十九条　有期労働契約であって次の各号のいずれかに該当するものの契約期間が満了する日までの間に労働者が当該有期労働契約の更新の申込みをした場合又は当該契約期間の満了後遅滞なく有期労働契約の締結の申込みをした場合であって、使用者が当該申込みを拒絶することが、客観的に合理的な理由を欠き、社会通念上相当であると認められないときは、使用者は、従前の有期労働契約の内容である労働条件と同一の労働条件で当該申込みを承諾したものとみなす。

一　当該有期労働契約が過去に反復して更新されたことがあるものであって、その契約期間の満了時に当該有期労働契約を更新しないことにより当該有期労働契約を終了させることが、期間の定めのない労働契約を締結している労働者に解雇の意思表示をすることにより当該期間の定めのない労働契約を終了させることと社会通念上同視できると認められること。

二　当該労働者において当該有期労働契約の契約期間の満了時に当該有期労働契約が更新されるものと期待することについて合理的な理由があるものであると認められること。

最低賃金を引き上げるのは
経済的な効果もある

欧州連合（EU）における適切な最低賃金についての
欧州議会および理事会の指令の提案（抜粋）

最低賃金を引き上げるのは
労働者にメリットがあるだけじゃない。
経済的な効果もある。

だって、
収入が増えるとモノが売れて
国内の需要を良好に保てる。
働く意欲が湧いて、
いい仕事ができる。生産性が上がる。
賃金の格差を縮小したり
ワーキングプア（働いても貧しい）をなくしたり
そういう問題も解決できる。 （7）

もちろん
業種ごとにまとまった労働組合や
産業の垣根を超えてひとつになった労働組合の
力強い団体交渉なら

ちゃんと暮らしていけるだけの最低賃金を
勝ち取ることもできるだろうけれど、
でも……
そういう従来のやり方が
この数十年の間に通じなくなってきた。

まだ労働組合ができあがっていない業種のほうへ
経済の主流が移っていったり、
派遣とか　ウーバーイーツとか
社員の個人事業主化とか
いままでの型には当てはまらない仕事や
新しい形の仕事が増えてきて
労働組合に入る人が減ったりしてるせい。

だからこそEUがまとまって
最低賃金を引き上げる方針を打ち出すんだ。　　　　　　　（13）

ただし、もし小さな会社に
不釣り合いなほどの悪影響が出たら
加盟国は
そうした会社が最低賃金を支払えるように
支援すべきだよ。　　　　　　　　　　　　　　　　　　（30）

ひとつになった経済圏では、

社会の水準を高く保ったり

技術革新したり

生産性を引き上げたり

そういう正々堂々とした競争こそが

（不当な低賃金でコストを下げるより）

ふさわしい。　　　　　　　　　　　　　　　　　　　　（6）

最低賃金を大きく引き上げる動き

EUのまとめ役である欧州委員会は2020年10月、労働者の生活維持に必要な最低賃金をしっかり上げるための指令案を発表しました。2022年9月に欧州議会がこれを受け入れ、続いて同年10月にEU理事会も採択します。EUの国々は、これから2年以内（指令案の発効から）に最低賃金を引き上げていく方針を打ち出しました。

実際どれだけ収入（賃金水準）に差があるのか、日本と他の先進国を比べてみると……。2022年10月、ドイツは政治が主導して最低賃金を時給12ユーロ（＝約1730円）に引き上げました。イギリスは2023年4月から最低賃金を10.42ポンド（＝約1690円）に引き上げることを決めています。アメリカ全体ではありませんが、ニューヨーク市では最低賃金が時給15ドル（＝約2040円）、フランスでは時給11.27ユーロ（＝約1620円）、カナダのブリティッシュコロンビア州では時給15.65ドル（＝約1560円）など、法定最低賃金のないイタリアと、物価上昇率に比べてちょっとしか賃上げしない日本を除くG7各国で、最低賃金を大きく引き上げる動きが目立っています。

日本では、もっとも高い東京で時給1072円です。しかも時給853円の県が10県あります。ドイツのおよそ半分の賃金です（数字はすべて2023年2月現在のものです）。

Proposal for a
DIRECTIVE OF THE EUROPEAN PARLIAMENT AND OF THE COUNCIL
on adequate minimum wages in the European Union
EU における適切な最低賃金についての欧州議会および理事会の指令の提案〔抜粋〕
(7) When set at adequate levels, minimum wages protect the income of disadvantaged workers, help ensure a decent living, and limit the fall in income during bad times, as recognised in Convention 131 of the International Labour Organisation on the establishment of a system of minimum wage fixing. Minimum wages contribute to sustaining domestic demand, strengthen incentives to work, reduce wage inequalities and in-work poverty.
(13) While strong collective bargaining at sector or cross-industry level contributes to ensuring adequate minimum wage protection, traditional collective bargaining structures have been eroding during the last decades, in part due to structural shifts in the economy towards less unionised sectors and to the decline in trade union membership related to the increase of atypical and new forms of work.
(30) 〔…〕 If found that micro, small and medium-sized enterprises are disproportionately affected, Member States should consider introducing measures to support these enterprises to adjust their remuneration structures to the new requirements.
(6) 〔…〕 Competition in the Single Market should be based on high social standards, innovation and productivity improvements ensuring a level playing field.

憲法という約束（3）

貧富の差を乗り越えるための権利

　身分によって不平等な扱いをされ、自分の生き方を型にはめられることも、国王や貴族たちが勝手に決めた法律や税金に縛られることもなくなって、人間は誰もが生まれつき自由で平等なんだ、という前提の下にはじまったのが近代社会でした。

　のびのびと自由に討論し、信教や思想を理由に逮捕されず、議会で話し合って法律や税金を定め、個人が財産を私有して力ずくで奪われることもなく、それぞれの人々が自由に活動できるようになって、それで物事はうまく行くはずでした。

　ところが、大きな財産を持つ者と、暮らしの糧を得るのがやっとの者との間にある貧富の差がみるみると広がっていきました。富を産む事業の経営者が、その富を公平に分かち合うのではなく、雇った労働者を低賃金・重労働・長時間で働かせておいて、利益をひとり占めすることによって富は偏っていきました。

　富める者は独占してどんどん富み、働き手は労働力も労働で得られるはずの対価もどんどん搾り取られるばかり……。それを労働の搾取といいます。そうやって貧富の差が拡大していったのです。

　貧困も、差別も、原発事故も、公害病も、一人一人が自由に日々活動しているだけでは必ずしも防ぐことができません。むしろ社会の仕組みのせいで、問題が大きくなる面があります。貧富の格差をはじめとする社会の矛盾や不合理などを乗り越えるために生まれたのが、社会権です。

　たとえば、利益のためには手段を選ばない会社のやり方にブ

レーキをかけ、人間らしく生きるための最低限の賃金や、1日の労働時間の上限、無理な働き方をさせないルールを定めることも、勤労の権利や労働基本権という社会権に基づいています。

公助で支えるのは国の義務

　表現の自由などの精神的自由権と、財産権をはじめとする経済的自由権に加え、現代では、社会権の重要性がどんどん高まっています。

　憲法25条1項では、すべての国民が健康で文化的な最低限度の生活を営む権利を持つことを定めていますが、これは生存権といって、誰もが人間らしく生きていくためのセーフティネットの役割を担う人権です。「日本国憲法」には代表的なものとして、生存権（25条1項）、教育を受ける権利（26条）、勤労の権利（27条）、労働基本権（28条）という社会権が挙げられています。

　もしも貧困に陥ったとき、生活保護という公助を受けるのは、私の、あなたの、一人一人の権利ですし、公助で支えるのが国の義務です。働く人が人間らしく暮らせるようにすることも、貧富の差によらず誰もが教育を受けられる制度や環境を整備し改善することも、憲法や「社会権規約」に基づく国の義務です。

　自己責任だの自助だのといって公助を出し渋る者は政治家であれ官僚であれ、社会権を定めるこの憲法の理念に反しています。けれど、本来は共同体の全員で分かち合うべき国富という共有財産、そして一人一人の労働者が得るはずの対価までもが公平に分配されているとは言い難いのが現状ではないでしょうか。まずは「労働基準法」6条の精神に立ち返って労働者の雇用と収入を十分に安定させろ、話はそれからだ、ということです。

社会権は、一人一人の誰もが、公助を当然に受ける権利だということをどうか忘れないでください。国の主人である私にも、あなたにも、胸を張って公助を得る権利＝社会権があります。もともと自分のものである権力を預けた国に、人間らしく生きるための社会権を主張するのは、ごく当たり前のことです。

命も、心も、生活も、大事にするのが個人主義

　時折「行き過ぎた個人主義」という言葉を見かけますが、利己主義や放任主義と混同しているのではないでしょうか。個人主義というのは、一人一人の自由と権利を保障することです。個人の尊厳を何より大切にすることです。

　個人主義の反対を、全体主義（ファシズム）といいます。戦前や戦中に、人間の命も、心も、生活も、粗末に扱われました。全体＝「お国のため」だから国民は我慢しろといって、人間らしさのすべてを奪われました。私を大事に、あなたを大事に、一人一人を大事にするのが個人主義なんだ。私やあなたが、この国の主人なんだ、とくり返し心に刻まなければならないのは、かつてそうではない時代があったからです。行き過ぎたときに困るのは、全体主義のほうだと思います。

　90年代からの失われた30年の間に、日本は物質的にも精神的にもずいぶん貧しい国になってしまいました。個人主義。国民主権。人権。ジェンダー平等。社会権。社会福祉。これらの考え方のどれもが憲法に込められていて、どれもが世の中を豊かにするものです。だってこの30年間、軽んじてきたでしょう？

　現状に合わせて憲法を変えるより、憲法に合わせて現状を変えるほうが建設的ではないでしょうか。

私のあなたの自由と人権の話

その6

私が健康で文化的に生きる権利

誰もが安心して暮らせるのはどんな社会だろう
困ったときにも命綱やセーフティネットがある社会だからこそ、誰もが安心して暮らせるのではないでしょうか。憲法25条の「健康で文化的な最低限度の生活を営む権利」とは、国が公助の責務を負う社会福祉の要です。その権利は、生活保護だけではありません。福井地方裁判所が人格権に基づいて原子力発電所の運転差止を命じた判決は、一言一言に人間が人間らしく生きる権利の重みが込められています。原発事故が起きたとき、自助でどうにかできる人などいないのですから。

誰も一人では生きていけない

日本国憲法　25条

1

人間は誰も
一人では生きていけない。

だから、
人間同士で力を合わせる。

だから、
人間は国という共同体を作る。

いろんな人の助けを借りて
自分も他の人のためにできることをして
力を合わせることで
みんなでともに
ずっと安心して暮らしていける。

それでも、誰にでも、
不運が降りかかることはある。
生まれつき、または、生まれてから。

病気やケガ、災害や失業……
弱ったり、困ったり、貧しくなったり、
いつ、誰が、そうなってもおかしくない。

誰でも歳をとったら
若いときのようには働けないから
老後を安心して暮らせることも大事。

私にも、
あなたにも、
この国の一人一人の誰にでも、
いつの日にも
健康で
文化的な
少なくともこれだけは、
という生活を営む権利がある。

　　2

国は
私たちの生活の
ありとあらゆる場面で
困っている人を助け合う、社会福祉も
何かあったときに支え合う、社会保障も
一人一人の心身の健康に尽くす、公衆衛生も

どんどんよくして
充実させていく義務がある。

なぜなら、
一人では生きていけない人間が
弱ったときや
困ったときや
貧しいときや
老いたときに
助け合い、支え合うために
そもそも国という共同体を作ったのだから。

この権利は、試金石だ。

私のこの国が
人間の尊厳を何より大事にする共同体かどうかは、
この権利をどれだけ手厚くできるかに
かかっている。

日本国憲法
第二十五条　すべて国民は、健康で文化的な最低限度の生活を営む権利を有する。
２　国は、すべての生活部面について、社会福祉、社会保障及び公衆衛生の向上及び増進に努めなければならない。

命に関わる根源的な権利が
とてつもなく広い範囲で奪われる
最悪なケース

大飯原発3、4号機運転差止請求事件判決
福井地方裁判所　民事第2部　2014年5月21日判決言渡（抜粋）

　主　文

電力会社は
原子炉を運転してはだめ。

　当裁判所の判断

私の
あなたの
一人一人の
命、身体、心、生活に関わる利益って
一人一人の人間自身　つまり人格にとって
かけがえのない大事なもの。
その大事な利益を全部合わせたのが
人格権という権利なんだ。　　　　　　　　　　　　　　（1）

命を守って
生活を保つことは
人格権のなかでも根源的な権利だよ。

憲法に書いてある
権利と権利を比べれば、
電気を生み出す経済活動の自由より
命に関わる人格権の根源的な権利のほうが、大事。

大きな自然災害や戦争以外で
命に関わる根源的な権利が、
とてつもなく広い範囲で奪われる
最悪なケースが起こり得るのは、原発事故ぐらい。
だから具体的な危険が万が一にもあれば
差止めは、当たり前。

原発がどれだけ危険か
事故が起きたらどれほど悲惨か
東京電力の福島原発事故で、
もう明らかだから

もしその危険性の判断を避けたなら
裁判所のもっとも重要な責務を
投げ出すようなものだ。

（3）

この国の一人一人の命こそを
物事のいちばん大事な根本とする人格権を
放射性物質の危険から守るには
どうしたらいいんだろう。

そう考えると、
大飯原発の安全技術と設備は
万全ではないんじゃないか？
という疑いが残るだけでなく、

まともな根拠のない
楽観的な見通しの下でしか
「安全」とも「万全」とも言えない
危なっかしいものだ
と認めないわけにはいかない。 （7）

豊かな国土があること、
そこに根を下ろして、この国の一人一人
誰もが暮らせることが、国の富なんだ。
それを取り戻せなくなることが、
国の富を失うことじゃないか。

この裁判所はそう考える。 （9）

判決は「現在、新規制基準が策定され各地の原発で様々な施策が採られようとしているが……」（「当裁判所の判断　7　本件原発の現在の安全性と差止めの必要性について」）と切り出して、新規制基準には、以下のような措置が盛り込まれていないと指摘します。

●東京電力の福島原発事故で致命的だった「電源喪失→冷却ストップ→メルトダウン*」をふまえ、原発の外部電源も冷却用の主給水も、想定される地震に耐えられること

●想定される地震の震度を大幅に引き上げ、地震に強い設備にすること

●万が一の際には、破滅的な被害をもたらしかねない使用済み核燃料をガチガチに強固な施設で囲い込むこと

新潟県中越沖地震では、柏崎刈羽原発1号機の固い岩盤上で最大1699ガルという強い地震の揺れが推定されています。それをもとに判決は「1260ガルを超える地震が大飯原発に到来した場合には、冷却機能が喪失し、炉心損傷を経てメルトダウンが発生する危険性が極めて高」いと述べます（同上「5　冷却機能の維持について」）。このままでは再稼働で心配される問題が解決されずに新規制基準の審査を通って、大飯原発3・4号機が再稼働する可能性があり、原発の安全技術と設備の「脆弱性は継続することとなる」と警鐘を鳴らしています。

*原子炉内の核燃料がどろどろに融けて炉心の底に落ちること

この裁判で「原発は二酸化炭素を減らせるから環境にやさしい」と関西電力は主張しました。それに対して、福井地方裁判所は判決でこう言い渡します。

「いったん原発で深刻事故が起きればすさまじい環境汚染に

なる。東京電力の福島原子力発電所事故は日本史上最悪の公害、環境汚染になったのだから、環境問題を原発運転の理由にするのはとんでもない筋違いだ」（同上「9　被告のその余の主張について」）

平成26年5月21日判決言渡 平成24年（ワ）第394号、平成25年（ワ）第63号
大飯原発3、4号機運転差止請求事件〔抜粋〕
主文
1 被告は、別紙原告目録1記載の各原告に対する関係で、福井県大飯郡おおい町大島1字吉見1-1において、大飯発電所3号機及び4号機の原子炉を運転してはならない。

事実及び理由
第4　当裁判所の判断
1 はじめに
　ひとたび深刻な事故が起これば多くの人の生命、身体やその生活基盤に重大な被害を及ぼす事業に関わる組織には、その被害の大きさ、程度に応じた安全性と高度の信頼性が求められて然るべきである。このことは、当然の社会的要請であるとともに、生存を基礎とする人格権が公法、私法を問わず、すべての法分野において、最高の価値を持つとされている以上、本件訴訟においてもよって立つべき解釈上の指針である。
　個人の生命、身体、精神及び生活に関する利益は、各人の人格に本質的なものであって、その総体が人格権であるということができる。人格権は憲法上の権利であり（13条、25条）、また人の生命を基礎とするものであるがゆえに、我が国の法制下においてはこれを超える価値を他に見出すことはできない。〔…〕

2 福島原発事故について
　福島原発事故においては、15万人もの住民が避難生活を余儀なくされ、この避難の過程で少なくとも入院患者等60名がその命を失っている〔…〕。家族の離散という状況や劣悪な避難生活の中でこの人数を遥かに超える人が命を縮めたことは想像に難くない。さらに、原子力委員会委員長が福島第一原発から250キロメートル圏内に居住する住民に避難を勧告する可能性を検討したのであって、チェルノブイリ事故の場合の住民の避難区域も同様の規模に及んでいる。〔…〕

3 本件原発に求められるべき安全性、立証責任
（1）原子力発電所に求められるべき安全性
　1、2に摘示したところによれば、原子力発電所に求められるべき安全性、信頼性

は極めて高度なものでなければならず、万一の場合にも放射性物質の危険から国民を守るべく万全の措置がとられなければならない。

〔…〕生命を守り生活を維持する利益は人格権の中でも根幹部分をなす根源的な権利ということができる。本件ではこの根源的な権利と原子力発電所の運転の利益の調整が問題となっている。原子力発電所は、電気の生産という社会的には重要な機能を営むものではあるが、原子力の利用は平和目的に限られているから（原子力基本法2条）、原子力発電所の稼動は法的には電気を生み出すための一手段たる経済活動の自由（憲法22条1項）に属するものであって、憲法上は人格権の中核部分よりも劣位に置かれるべきものである。しかるところ、大きな自然災害や戦争以外で、この根源的な権利が極めて広汎に奪われるという事態を招く可能性があるのは原子力発電所の事故のほかは想定し難い。かような危険を抽象的にでもはらむ経済活動は、その存在自体が憲法上容認できないというのが極論にすぎるとしても、少なくともかような事態を招く具体的危険性が万が一でもあれば、その差止めが認められるのは当然である。

〔…〕原子力発電技術の危険性の本質及びそのもたらす被害の大きさは、福島原発事故を通じて十分に明らかになったといえる。本件訴訟においては、本件原発において、かような事態を招く具体的危険性が万が一でもあるのかが判断の対象とされるべきであり、福島原発事故の後において、この判断を避けることは裁判所に課された最も重要な責務を放棄するに等しいものと考えられる。

5 冷却機能の維持について

（1）1260ガルを超える地震について

上述のとおり、原子力発電所は地震による緊急停止後の冷却機能について外部からの交流電流によって水を循環させるという基本的なシステムをとっている。1260ガルを超える地震によってこのシステムは崩壊し、非常用設備ないし予備的手段による補完もほぼ不可能となり、メルトダウンに結びつく。この規模の地震が起きた場合には打つべき有効な手段がほとんどないことは被告において自認しているところである。〔…〕

①我が国において記録された既往最大の震度は岩手宮城内陸地震における4022ガルであり（争いがない）、1260ガルという数値はこれをはるかに下回るものであること、②岩手宮城内陸地震は大飯でも発生する可能性があるとされる内陸地殻内地震〔…〕であること、③この地震が起きた東北地方と大飯原発の位置する北陸地方ないし隣接する近畿地方とでは地震の発生頻度において有意的な違いは認められず、若狭地方の既知の活断層に限っても陸海を問わず多数存在すること〔…〕、④この既往最大という概念自体が、有史以来世界最大というものではなく近時の我が国において最大というものにすぎないことからすると、1260ガルを超える地震は大飯原発に到来する危険がある。

　なお、被告は、岩手宮城内陸地震で観測された数値が観測地点の特性によるものである旨主張しているが〔…〕、新潟県中越沖地震では岩盤に建っているはずの柏崎刈羽原発1号機の解放基盤表面（固い岩盤が、一定の広がりをもって、その上部に地盤

や建物がなくむき出しになっている状態のものとして仮想的に設定された表面〔…〕）において最大加速度が 1699 ガルと推定されていること〔…〕からすると、被告の主張どおり 4022 ガルを観測した地点の地盤が震動を伝えやすい構造であったと仮定しても、上記認定を左右できるものではない。

　1260 ガルを超える地震が大飯原発に到来した場合には、冷却機能が喪失し、炉心損傷を経てメルトダウンが発生する危険性が極めて高く、メルトダウンに至った後は圧力上昇による原子炉格納容器の破損、水素爆発あるいは最悪の場合には原子炉格納容器を破壊するほどの水蒸気爆発の危険が高まり、これらの場合には大量の放射性物質が施設外に拡散し、周辺住民が被ばくし、又は被ばくを避けるために長期間の避難を要することは確実である。〔…〕

7 本件原発の現在の安全性と差止めの必要性について

〔…〕国民の生存を基礎とする人格権を放射性物質の危険から守るという観点からみると、本件原発に係る安全技術及び設備は、万全ではないのではないかという疑いが残るというにとどまらず、むしろ、確たる根拠のない楽観的な見通しのもとに初めて成り立ち得る脆弱なものであると認めざるを得ない。

〔…〕現在、新規制基準が策定され各地の原発で様々な施策が採られようとしているが、新規制基準には外部電源と主給水の双方について基準地震動に耐えられるまで強度を上げる、基準地震動を大幅に引き上げこれに合わせて設備の強度を高める工事を施工する、使用済み核燃料を堅固な施設で囲い込む等の措置は盛り込まれていない〔…〕。したがって、被告の再稼動申請に基づき、5、6に摘示した問題点が解消されることがないまま新規制基準の審査を通過し本件原発が稼動に至る可能性がある。こうした場合、本件原発の安全技術及び設備の脆弱性は継続することとなる。

9 被告のその余の主張について

　他方、被告は本件原発の稼動が電力供給の安定性、コストの低減につながると主張するが〔…〕、当裁判所は、極めて多数の人の生存そのものに関わる権利と電気代の高い低いの問題等とを並べて論じるような議論に加わったり、その議論の当否を判断すること自体、法的には許されないことであると考えている。我が国における原子力発電への依存率等に照らすと、本件原発の稼動停止によって電力供給が停止し、これに伴って人の生命、身体が危険にさらされるという因果の流れはこれを考慮する必要のない状況であるといえる。被告の主張においても、本件原発の稼動停止による不都合は電力供給の安定性、コストの問題にとどまっている。このコストの問題に関連して国富の流出や喪失の議論があるが、たとえ本件原発の運転停止によって多額の貿易赤字が出るとしても、これを国富の流出や喪失というべきではなく、豊かな国土とそこに国民が根を下ろして生活していることが国富であり、これを取り戻すことができなくなることが国富の喪失であると当裁判所は考えている。

　また、被告は、原子力発電所の稼動が CO_2（二酸化炭素）排出削減に資するもので

環境面で優れている旨主張するが〔…〕、原子力発電所でひとたび深刻事故が起こった場合の環境汚染はすさまじいものであって、福島原発事故は我が国始まって以来最大の公害、環境汚染であることに照らすと、環境問題を原子力発電所の運転継続の根拠とすることは甚だしい筋違いである。

コラム

裁判所は空気を読まないのが仕事

場の空気を作り出すのは、いつも多数派

　空気を読む、という言い方があります。周囲にいる人々が醸し出している雰囲気や、その場の暗黙の了解、そのとき集団で共有している感情・気分・ノリなどに、なんとなく自分も合わせてしまう不思議な現象です。

　そんな空気をあえて読まない、むしろ場合によっては空気を壊しに行く存在が、憲法に定めた制度のなかにはあります。それは、裁判所です。

　裁判所は、いわゆる空気を読まないのが仕事と言っても過言ではありません。なぜでしょう？　場の空気を作り出すのは、いつも多数派だからです。日常生活やルーティーンの仕事なら、空気を読むほうがスムーズに事が運ぶのでいいかもしれません。けれど、ある人の自由や権利が侵害されたとき、空気を読んでばかりでは解決が遠のいてしまいます。

　大飯原発3、4号機の運転差止判決などが、まさにそうではないでしょうか。原発は電力会社だけでなく、国が関わっている国策事業です。ひとたび事故が起きれば、どれほど甚大な被害をもたらすかが明らかになっても、それでもなお、原子力による電力供給に積極的な動きが今日にも見られます。

　電気というエネルギーを得るためであれ、火力発電による温室効果ガスの排出は、地球環境への負荷を考えると由々しきことです。太陽光や風などの再生可能エネルギーも含め、国のエネルギー政策をどうするかは難しい問題に違いありません。

そうした政策が、憲法や法律などに反していないか、裁判所は判断します。どれほどの大事業でも、重大な国策でも忖度してはなりません。目の前にあるケースが法に照らしてどうなのか？　すなわち、ある原発の、ある状況に、周辺に住んでいる一人一人の人格権を脅かす危険が紛れ込んでいて無視できないとなれば、いかなる国策であれ、待ったをかけるのが司法の責務です。

　もし、周辺に住んでいる人たち以外の、たとえば1億人の人たちが原発運転に賛成したとしても、大多数の賛成によって醸し出される場の空気を、判決の直接の根拠にはできません。

　ただ、妥当な結論を導き出すために、前述した同性婚の法制化をめぐる札幌地裁判決（p53）のように、あるテーマやトピックに対する社会の意識の変化や、現在の常識・通念などがどうなっているかを踏まえることはありえます。

多数派だけが守られるなら、弱肉強食に逆戻り

　強い力を持つ者や多数派の声ではなく、法そのものを根拠にしてこそ、少数者の人権は守られるのではないでしょうか。仮に逆を考えてみると……、強い者や、富める者や、多数派の声のほうが優先される世の中になって、権力にものを言わせて好き勝手な政治をしたり、富裕層だけ特別扱いしてどんどん格差を広げたり、国会審議を経ずに強行採決をくり返したりしたらどうなるでしょう。少数者の人権を守る社会というのは、公平で平穏な社会であり、誰もが人間らしく生きやすい社会のことなんです。

　一人一人が安心して暮らせるように、近代国家という共同体は誕生しました。それは、力や富や数ではなく、誰もが生まれつき持っている自由と権利を大切にする社会です。自己責任や自助を強調していくと、力や富や数の力が支配する前近代的な世界に逆

戻りしかねません。「民主主義は多数決だから従うべき」というのは、いつでも何にでも当てはまるルールではないのです。たとえ99%の人が権利侵害を「容認」しようが、ただひとりの人の自由も人権も奪うことは許されません。

　福井地裁判決はその後2018年に、名古屋高裁金沢支部判決（内藤正之裁判長）で「本件発電所の危険性は社会通念上無視しうる程度にまで管理・統制されている」として覆されました。それでも判決文は残ります。近代国家の裁判所としてどちらの考え方がふさわしいか、これからも問われ続けるでしょう。

　憲法は、裁判官の役割をこんなふうに定めています。

　どんな場の空気も読まないで
　日本国憲法　76条3項

　すべての裁判官へ

　あなたの良心に従って、
　誰の顔色もうかがわないで
　どんな場の空気も読まないで
　ひとりの裁判官として独立して
　与えられた職権を行ないなさい。

　あなたを縛るのは、
　この憲法と法律だけ。

日本国憲法　第七十六条
3　すべて裁判官は、その良心に従い独立してその職権を行い、この憲法及び法律にのみ拘束される。

日本と世界の約束の話

差別
なくす
約束
その1

ヘイトスピーチも少数者差別も、
もう終わらせよう

法の下の平等をうたう憲法14条1項は、差別を禁止しています。でもいまだになくなりません。堂々と公道でヘイトスピーチがまかり通る社会はまともじゃありません。政治家の差別発言が後を絶たないのは、国際社会の常識からかけ離れた日本の差別意識の現状を象徴するかのようです。差別って人間をだめにするものだから「人種差別撤廃条約」や「障害者の権利に関する条約」の言葉に耳を傾けることは、自分の心を守る意味でも大切。そして南の島で何が起きているのか、沖縄からの声を聞いて。

人種の間に壁を作ることは、
人類の理想に反すること

人種差別撤廃条約

断言してもいい ——

人種の違いによって
優劣があるという主義主張は、
科学的に間違っているし
倫理的に非難されるべきで
社会的に不法で危険だ。

どう考えても、
実際の場でも、
人種差別を正当化するものなんて
地球上どこにもない。

もう一度、確かめておきたい ——

人種や
皮膚の色や
出身の種族によって

人間と人間を差別で引き裂くことは、
国と国の友好的で平和的な関係を
じゃまするもの。

人々の平和と安全を
失わせるおそれがあるし、
ひとつの国で
肩を並べて暮らしている人同士の
和やかな関係をも壊しかねない。

はっきりと言えるのは ――

人種の間に壁を作ることは、
どんな人類の理想にも反するということ。

軽く考えるわけにはいかない ――

世界の一部の地域では
いまもまだ人種差別がある。
この人種が優れてるだの、あの人種が嫌いだの、
そんなことを政府が言って
アパルトヘイトや隔離・分離政策をとっている。

決心しよう ――

どんな形だろうと、どう表明しようと、
あらゆる人種差別を
すぐさま徹底的になくすために
必要なことなら何でもすると。

人種と人種の間の理解を促すために、
どんな形の人種隔離も差別もない
国際社会を築きあげるために、
差別主義の考えや動きを食い止め、闘うことを。

そうして、私の国は、以下の通り合意した。　（前文、抜粋）

あたかも人種の違いで
人間に優劣があると思い込ませるような
または
ある人種を憎むように仕向けるような
そんな差別思想をふりまく言動は
すべて法律で処罰される違法行為だ、と公にすること。

人種差別を煽るヘイトスピーチも、

人種や、皮膚の色や、出身の種族が違うからといって

暴力をふるったり、煽ったりするヘイトクライムも、

そして人種差別する活動に資金を援助したり

支援を提供したりすることも、

すべて法律で処罰される違法行為だ、

と公にすること。 （4条（a））

人種差別を助長し扇動する組織も、

組織化されたプロパガンダ活動も、

それ以外のプロパガンダ活動も、

違法であり禁止すること。

さらに、そういう人種差別の組織や活動への参加は

法律で処罰される犯罪だと認定すること。 （同 （b））

国や地方自治体の

公的機関や公共団体が、

人種差別を助長したり

扇動したりするなど許さないこと。 （同 （c））

近年にも、白人警官が無抵抗な黒人を暴行・殺害した事件などに端を発し、黒人差別に抵抗する「ブラック ライヴズ マター」（Black Lives Matter）運動が起きています。残念ながら、人種差別をなくすためのこの条約の重要性は、いまだに高いままです。

国連総会は1963年に「あらゆる形態の人種差別の撤廃に関する国連宣言」を採択し、さらに1965年には「あらゆる形態の人種差別の撤廃に関する国際条約」（人種差別撤廃条約）を採択するに至ります。日本は30年後の1995年に、ようやくこの条約に加入しました。2023年2月現在、条約締約国は182か国となっています。

ところが日本は同年同月現在、4条（a）と（b）を留保して、条約の義務を負わないことにしています。これに対して国連の人種差別撤廃委員会は、日本政府に次のように伝えました。「（日本が）いまだにこの条約の第4条（a）と（b）を留保し続けて、条約を完全に守ることに影響を与えかねないのが大変残念です」（2018年）

あらゆる形態の人種差別の撤廃に関する国際条約
〔前文、抜粋〕
この条約の締約国は、〔…〕

　人種的相違に基づく優越性のいかなる理論も科学的に誤りであり、道徳的に非難されるべきであり及び社会的に不正かつ危険であること並びに理論上又は実際上、いかなる場所においても、人種差別を正当化することはできないことを確信し、

　人種、皮膚の色又は種族的出身を理由とする人間の差別が諸国間の友好的かつ平和的な関係に対する障害となること並びに諸国民の間の平和及び安全並びに同一の国家内に共存している人々の調和をも害するおそれがあることを再確認し、

　人種に基づく障壁の存在がいかなる人間社会の理想にも反することを確信し、

　世界のいくつかの地域において人種差別が依然として存在していること及び人種的優越又は憎悪に基づく政府の政策（アパルトヘイト、隔離又は分離の政策等）がとられていることを危険な事態として受けとめ、

　あらゆる形態及び表現による人種差別を速やかに撤廃するために必要なすべての措置をとること並びに人種間の理解を促進し、いかなる形態の人種隔離及び人種差別もない国際社会を建設するため、人種主義に基づく理論及び慣行を防止し並びにこれらと戦うことを決意し、〔…〕

　次のとおり協定した。

第四条　締約国は、一の人種の優越性若しくは一の皮膚の色若しくは種族的出身の人の集団の優越性の思想若しくは理論に基づくあらゆる宣伝及び団体又は人種的憎悪及び人種差別（形態のいかんを問わない。）を正当化し若しくは助長することを企てるあらゆる宣伝及び団体を非難し、また、このような差別のあらゆる扇動又は行為を根絶することを目的とする迅速かつ積極的な措置をとることを約束する。このため、締約国は、世界人権宣言に具現された原則及び次条に明示的に定める権利に十分な考慮を払って、特に次のことを行う。

(a)　人種的優越又は憎悪に基づく思想のあらゆる流布、人種差別の扇動、いかなる人種若しくは皮膚の色若しくは種族的出身を異にする人の集団に対するものであるかを問わずすべての暴力行為又はその行為の扇動及び人種主義に基づく活動に対する資金援助を含むいかなる援助の提供も、法律で処罰すべき犯罪であることを宣言すること。

(b)　人種差別を助長し及び扇動する団体及び組織的宣伝活動その他のすべての宣伝活動を違法であるとして禁止するものとし、このような団体又は活動への参加が法律で処罰すべき犯罪であることを認めること。

(c)　国又は地方の公の当局又は機関が人種差別を助長し又は扇動することを認めないこと。

Committee on the Elimination of Racial Discrimination
Concluding observations on the combined tenth and eleventh periodic reports of Japan
人種差別撤廃委員会　日本の第 10 回・第 11 回定期報告に関する総括所見
C. Concerns and recommendations
Reservation to article 4
11. The Committee regrets that the State party continues to maintain its reservation to subparagraphs (a) and (b) of article 4, which may affect the full implementation of the Convention (art. 4).

障害、それは社会の壁

障害者の権利に関する条約〔抜粋〕

障害って何なのか、
まだはっきりと定まらない
発展途上の観念なんだ
ということを心に留めておこう。

私の心身に
正常に働かないところが
あることが
障害というわけじゃない。

私も
他の人も
平等なんだよ、という前提で
私がすっかり生き生きと
世の中でやっていくことを
じゃまする態度や環境の壁が
私とぶつかって
うまく行かないことを
障害って言うんだ。

（前文（e））

私たち抜きで私たちのことを決めるな！

　国連総会は2006年に「障害者権利条約」（障害者の権利に
関する条約）を採択しました。この言葉の表記として「障が
い」と、ひらがなを使うこともありますが、あたかも精神や身
体に機能的なマイナスがあるかのような表現を避ける意図に
も思われます。そしてあらためて、ではその「障害」とは何の
ことなのか？　というところから解きほぐしたこの条約にハッ
とさせられます。条約策定のスローガンは"Nothing about
us without us!"（私たち抜きで私たちのことを決めるな！）。
2023年2月現在、条約締約国は186か国で、日本は2014
年に批准しました。

障害者の権利に関する条約〔抜粋〕
〔前文〕（e）障害が発展する概念であることを認め、また、障害が、機能障害を有す
る者とこれらの者に対する態度及び環境による障壁との間の相互作用であって、これら
の者が他の者との平等を基礎として社会に完全かつ効果的に参加することを妨げるも
のによって生ずることを認め、〔…〕

0.6％の島の73.8％の基地

格差が広がるほど
差別は見えなくなる

　夜の8時に家の近所をウォーキングしていた20歳の女性が、アメリカ軍の軍属に暴行されて命を奪われるのは、おそろしいことです。保育園の園庭に空から大型輸送ヘリの部品が落ちてくることは、おそろしいことです。

　基地の問題が、なんで差別の問題なの？　戦争の問題じゃないの？　と沖縄の外にいる人には、問題の所在が分かりづらいかもしれません。地域格差や経済格差、情報格差など、社会を隔てる格差が広がるほど、自分とは違う状況にいる人の姿が遠ざかり、差別は見えなくなるものだから。

　2015年9月21日に、翁長雄志沖縄県知事（当時）は、スイス・ジュネーブの国連人権理事会で、まるで緊急SOSのようなスピーチをしています。以下抜粋して詩訳します。

　　　世界中のみなさん、
　　　沖縄の人間が自己決定権を
　　　ふみにじられている
　　　辺野古の現状をどうか知ってください。

　　　第二次世界大戦の後、
　　　アメリカは軍隊の力で私たちの土地を奪い、
　　　沖縄に軍事基地を作りました。

私たちが
自ら望んで土地を差し出したわけではありません。

沖縄って、
日本の国土全体の
たった 0.6％しかないんです。

なのに、
日本にあるアメリカ軍専用施設の
73.8％が沖縄にあります。

これまでの 70 年の間に、
アメリカ軍の基地は
たくさんの事件を、
たくさんの事故を、
たくさんの環境汚染を、
沖縄で引き起こしてきました。

私たちには、
自分たちの共同体のことを自分たちで決める
権利も人権もないんでしょうか？

自由
平等
人権
そして民主主義
こういう大切なものを
自国民にも約束できない国が、

世界の国々と

　　これらの価値観を共有できるのでしょうか。

　国連の人種差別撤廃委員会は、沖縄に対する日本政府の政策にくり返し勧告しています。

「沖縄に軍事基地が不均衡なまでに集中して、沖縄の人々の経済的、社会的、文化的な権利に悪影響を与えている、という現代型の人種差別の問題を再度確認」(2010年)

「アメリカ軍の基地があるせいで起きる、沖縄の女性に対する暴力や、市街地での軍用機事故によって、沖縄の人々が直面している問題を懸念しています」(2018年)

　また自由権規約委員会は、日本政府に対して、アイヌと沖縄の人々が持つ先住民族の権利についてこんな勧告をしています。

「日本は法律を改めて、アイヌや琉球／沖縄の人々のコミュニティが代々受け継いできた土地と、その自然風土からもたらされる恵みを得る権利をそっくり返すべきです」(2014年)

自分たちのことは、自分たちで決める

　日本国内で犯罪を犯しても、事故を起こしても、アメリカ軍人が日本の裁判所で裁かれるとはかぎりません。次のような「日米地位協定」という取り決めで、アメリカ軍が守られているからです。

　　アメリカの軍法に従う者は誰でも、

　　日本の国内で犯罪を犯そうと、

　　日本の法律では裁かれない。

　　アメリカの法律で裁く権利を

　　アメリカ軍が有する。　　　　　　　　　　　(17条 (a))

じつはこれと同じ話が、アメリカの「独立宣言」にあります。

イギリス国王は、
見せかけの立法行為で法律をでっちあげた。
私たちのところに大規模な軍隊を送り込む法律や、
その軍隊が、たとえアメリカの住民を殺しても
にせの裁判で処罰させない法律を。

2009年には今度は日本がジブチ共和国での地位協定を結びました。抑圧をくり返しても平和は築けません。〈自分たちの共同体のことは自分たちで決める〉という自己決定権こそ、力の政治をはねのける鍵ではないか、と沖縄からの声が問いかけます。

Oral Statement at the United Nations Human Rights Council by the governor of Okinawa
沖縄県知事による国連人権理事会での声明〔抜粋〕
〔…〕I would like the world to pay attention to Henoko where Okinawans' right to self-determination is being neglected.
After World War Two, the U.S. Military took our land by force, and constructed military bases in Okinawa.
We have never provided our land willingly.
Okinawa covers only 0.6% of Japan.
However, 73.8% of U.S. exclusive bases in Japan exist in Okinawa.
Over the past seventy years, U.S. bases have caused many incidents, accidents, and environmental problems in Okinawa.
Our right to self-determination and human rights have been neglected.
Can a country share values such as freedom, equality, human rights, and democracy with other nations when that country cannot guarantee those values for its own people? 〔…〕

Concluding observations of the Committee on the Elimination of Racial Discrimination

人種差別撤廃委員会の総括所見〔抜粋〕

C. Concerns and recommendations

〔2010 年〕

21.〔…〕It further reiterates the analysis of the Special Rapporteur on contemporary forms of racism that the disproportionate concentration of military bases on Okinawa has a negative impact on residents' enjoyment of economic, social and cultural rights (arts. 2 and 5).〔…〕

〔2018 年〕

Situation of the Ryukyu/Okinawa peoples

17.〔…〕The Committee is also concerned at reports of violence against women in Okinawa, and challenges reportedly faced by the Ryukyu/Okinawa peoples related to accidents involving military aircraft in civilian areas, owing to the presence of a military base of the United States of America on the island of Okinawa (art. 5).

Human Rights Committee

Concluding observations on the sixth periodic report of Japan

自由権規約委員会　日本の第6回定期報告に関する総括所見〔抜粋〕

C. Principal matters of concern and recommendations

Rights of indigenous peoples

26. The State party should take further steps to revise its legislation and fully guarantee the rights of Ainu, Ryukyu and Okinawa communities to their traditional land and natural resources〔…〕

日米地位協定

第十七条 1（a）合衆国の軍当局は、合衆国の軍法に服するすべての者に対し、合衆国の法令により与えられたすべての刑事及び懲戒の裁判権を日本国において行使する権利を有する。

アメリカ　独立宣言〔抜粋〕

〔…〕国王は〔…〕見せかけの立法行為による以下のような法律を承認してきた──
われわれの間に大規模な軍隊を宿営させる法律。
その軍隊が諸邦の住民に対して殺人を犯すようなことがあった場合でも、見せかけばかりの裁判によって彼らを処罰から免れさせる法律。〔…〕

出典：Okinawa Prefectural Government Washington D.C. Office,
AMERICAN CENTER JAPAN

日本と世界の約束の話

戦争を
なくす
約束
その
2

平和主義は過去と未来でできている

戦争放棄を宣言する憲法9条は、ふたつの意志で
できていると思います。ひとつは、平和な世界を築
く未来への決意。もうひとつは、たくさんの人の命を
奪った過去の戦争責任への反省。このふたつを併
せ持つのが、日本の平和主義です。国際平和の理念
を掲げる「国連憲章」、「核兵器禁止条約」とともに、
かつての大日本帝国の負の遺産を忘れないために
「ポツダム宣言」と「河野談話」を詩訳しています。過
ちをくり返さないためには、歴史から目を背けない
ことが必要だから。私はずっと平和がいい——。

戦争はしないよ

日本国憲法　9条

　　　1

戦争はしないよ。
永久にしないよ。

だって私は
正義と秩序の土台の上にある
世界の平和を
ちゃんと
心から希（ねが）ってるから。

たとえ
国と国の間のもめごとでも
戦争だとか
武力による威嚇だとか
武力の行使だとか
そんな解決法なんて
永久にごめんだな。
そんなのポイッと放棄するよ。

2

1の誓いを守るために
陸軍も海軍も空軍もその他の戦力も
なんにも持たないことに決めた。

生活、大事。家族、大事。財産、大事。将来、大事。
人間の命が、何より大事。
でも戦争なんかじゃ、守れないから。
平和を守るのは、平和なの。

攻められたらどうする、なんて対立を煽らないで。
「せーの」でミサイル撃ち合えば
どっちの国も、ただじゃ済まないだけ。
平和を守るのは、対話なの。

私の国に、他の国と交戦する権利があるだなんて
とんでもないこと、もうまっぴら。

日本国憲法
第九条　日本国民は、正義と秩序を基調とする国際平和を誠実に希求し、国権の発
動たる戦争と、武力による威嚇又は武力の行使は、国際紛争を解決する手段としては、
永久にこれを放棄する。
2　前項の目的を達するため、陸海空軍その他の戦力は、これを保持しない。国の交
戦権は、これを認めない。

私たちの努力を結集させるんだ

国際連合憲章

私たちは決めた。

一生のうちに二度も
計り知れない悲しみを
人類に与えた世界大戦の災厄から
将来の世代を救うと決めた。

これまでも数々の試練にさらされてきた
人類にとってかけがえのない理念。
それは、
基本的人権。私が私として生きるためにあるもの。
それは、
個人の尊厳と価値。大事にするほど、戦争を遠ざけるもの。
それは、
男女同権。世界から野蛮さをなくすために不可欠なもの。
それは、
各国の同権。小国も大国も等しい、国際社会を築く土台。
そのひとつひとつを
信念としてあらためて心に刻むと決めた。

国際法は

国内法と違って

基本的に罰則がないから、

世界の平和を叶えられるかどうかは

一国一国の決意と行動に懸かってくる。

いろんな国の人間同士が、同じ星で生きていくために

これだけは破るまいと、どの国も思える「正義」や

（侵略しない。貧困をなくす。差別を許さない……）

条約を結ぶことで生まれる「使命」や「責務」や

長年の国際慣習などで、もう「決まり事」と言えるものを

互いにずっと守っていけるようにすると決めた。

ひときわ大きな自由のなかで

社会が豊かになり

世界中の人の暮らしがよりよくなる方向へ

働きかけていく、と。

国と国が善き隣人として

寛容にふるまいながら

足並みを揃えてやっていく、と。

国際社会の平和と安全を支えるために

力を合わせる、と。

互いに納得の行く基本ルールと
解決のための手続きを前もって作っておくことで、
万が一、紛争の種が生まれても
何のためにもならない
武力を行使しない仕組みを築く、と。

すべての人が
飢えや貧しさや恐怖から解放されて
経済的にも、社会的にも、
より豊かな道を歩めるように
後押しとして国際機構をぞんぶんに活かす、と。

これらの目的を叶えるために
私たちの努力を結集させるんだ
と、心に決めた。

（前文、抜粋）

今度こそ平和な世界を築くために

人類は、第1次世界大戦、第2次世界大戦という、ふたつの戦争によってあまりにも多くの人間の命を奪い合い、町々を焼け野原にする凄惨な現実に直面しました。第2次世界大戦末期の1945年4月25日〜6月26日に、勝利を見据えた当時の連合国は今度こそ平和な世界を築こうと、戦後の国際秩序を立て直すための「サンフランシスコ会議」（国際機構に関する連合国会議）を開きました。

この会議で、国際連合の設立に向けて採択されたのが「国際連合憲章」です。50か国が参加して、同年6月26日に調印。9月2日に大日本帝国の降伏により戦争終結。そして10月24日に憲章が発効して国際連合が誕生しました。2023年2月現在、193か国が国連に加盟しています。

国際連合憲章〔改行は原文通り〕
前文〔抜粋〕
われら連合国の人民は、
われらの一生のうちに二度まで言語に絶する悲哀を人類に与えた戦争の惨害から将来の世代を救い、
基本的人権と人間の尊厳及び価値と男女及び大小各国の同権とに関する信念をあらためて確認し、
正義と条約その他の国際法の源泉から生ずる義務の尊重とを維持することができる条件を確立し、
一層大きな自由の中で社会的進歩と生活水準の向上とを促進すること
並びに、このために、
寛容を実行し、且つ、善良な隣人として互に平和に生活し、
国際の平和及び安全を維持するためにわれらの力を合わせ、
共同の利益の場合を除く外は武力を用いないことを原則の受諾と方法の設定によって確保し、
すべての人民の経済的及び社会的発達を促進するために国際機構を用いることを決意して、
これらの目的を達成するために、われらの努力を結集することに決定した。〔…〕

武器を手放したら
家に帰っていい

ポツダム宣言（抜粋）

日本国に
選択の時が来た。

とうていまともじゃないプランで
大日本帝国を滅亡という崖っ縁まで転落させた、
自分勝手な軍国主義の指導者たちに
これからも支配され続けるか。

それとも、

理性ある道を歩むのか。　　　　　　　　　　　　（四）

日本国民を惑わし
世界征服に乗り出すように仕向けた者たちの
権威やら影響力やらを
永久になくさないといけない。

平和と

安全と

正義の

新しい秩序は、

むこうみずな軍国主義を

この世からなくさないかぎり叶えられないから。　　　　　（六）

日本の軍隊は

完全に武器を手放したら、

家に帰っていい。

平和で実りのある暮らしを営む機会といっしょに。　　　　（九）

日本の人々を奴隷にしようとか滅ぼそうとか

そんなつもりはないけれど、

捕虜を虐待した者を含めて

すべての戦争犯罪人を重く処罰する。

日本政府は、

日本国民がもう一度

民主主義の心を取り戻し、その心を強く持つために、

それをじゃまする一切のものを取り除くこと。

言論の自由、信教の自由、思想の自由、そして

基本的人権の尊重を確立すること。　　　　　　　　　　　（十）

連合国の占領軍は

この宣言の目的を達成し、

日本国民が自由に表明した意思によって

平和に寄り添う責任ある政府を樹立したら、

すぐさま日本から引き上げる。 　　　　　　　（十二）

第二次世界大戦を終わらせる道すじ

「ポツダム宣言」は、正式名称を「日本国への降伏要求の最
終宣言」といいます。アメリカ、イギリス、中華民国により
1945年7月26日に発されました。大日本帝国は、同年8月
6日に広島、9日に長崎への原爆攻撃を受けた後、14日に宣
言を受諾します（国内では翌15日に降伏・敗戦を知らせま
す）。そして9月2日に降伏文書（休戦協定）に調印し、第
二次世界大戦敗戦。世界戦争は終結に至りました。

日本国への降伏要求の最終宣言〔抜粋〕

四、無分別ナル打算ニ依リ日本帝国ヲ滅亡ノ淵ニ陥レタル我儘ナル軍国主義的助言
者ニ依リ日本国カ引続キ統御セラルヘキカ又ハ理性ノ経路ヲ日本国カ履ムヘキカヲ日本
国カ決意スヘキ時期ハ到来セリ

六、吾等ハ無責任ナル軍国主義カ世界ヨリ駆逐セラルルニ至ル迄ハ平和、安全及正
義ノ新秩序カ生シ得サルコトヲ主張スルモノナルヲ以テ日本国国民ヲ欺瞞シ之ヲシテ
世界征服ノ挙ニ出ツルノ過誤ヲ犯サシメタル者ノ権力及勢力ハ永久ニ除去セラレサルヘ
カラス

九、日本国軍隊ハ完全ニ武装ヲ解除セラレタル後各自ノ家庭ニ復帰シ平和的且生産
的ノ生活ヲ営ムノ機会ヲ得シメラルヘシ

十、吾等ハ日本人ヲ民族トシテ奴隷化セントシ又ハ国民トシテ滅亡セシメントスルノ意図
ヲ有スルモノニ非サルモ吾等ノ俘虜ヲ虐待セル者ヲ含ム一切ノ戦争犯罪人ニ対シテハ
厳重ナル処罰加ヘラルヘシ日本国政府ハ日本国国民ノ間ニ於ケル民主主義的傾向ノ復
活強化ニ対スル一切ノ障礙ヲ除去スヘシ言論、宗教及思想ノ自由並ニ基本的人権ノ
尊重ハ確立セラルヘシ

十二、前記諸目的カ達成セラレ且日本国国民ノ自由ニ表明セル意思ニ従ヒ平和的傾向
ヲ有シ且責任アル政府カ樹立セラルルニ於テハ連合国ノ占領軍ハ直ニ日本国ヨリ撤収
セラルヘシ

核兵器の禁止が
人類普遍の約束になる日

核兵器禁止条約

私の国は、
たとえどんなことがあっても
約束する。 （1条1項）

核兵器を
開発しない。
実験しない。
生産しない。
製造しない。
その他の方法で入手しない。
占有しない。
貯蔵しない。 （同 （a））

核兵器やそのスイッチを
誰にも渡さない。 （同 （b））

核兵器やそのスイッチを
受け取らない。 （同 （c））

核兵器を使わない。

使うぞ、と脅さない。 （同 （d））

この条約で禁じた活動をする

誰にもどんな形でも手を貸さない。

背中を押さない。手引きしない。 （同 （e））

この条約で禁じた活動のために

誰にもどんな支援も求めない。

誰からもどんな支援も受けない。 （同 （f））

核兵器は一切

私の国の領土や領海などのどこにも

駐留を許可しない。

設置を許可しない。

配備を許可しない。 （同 （g））

すべての国がこの条約に参加して

核兵器の禁止が

人類普遍の約束になる日をめざして

まだ条約を結んでない国々が加わるように

私たち締約国がそれぞれに

核兵器禁止の輪を広げていくんだ。 （12条）

世界中の全ての核兵器をなくすことを最終ゴールとして、核兵器を包括的に国際法上禁止する初めての条約が「核兵器の禁止に関する条約」（核兵器禁止条約）です。国連総会で2017年に採択され、50か国の批准という条約の効力を発生させる条件を2020年10月に満たして、翌2021年1月22日に発効しました。

これまでも核兵器の所有国を広げないための「核兵器不拡散に関する条約」（1963年に国連総会で採択。1970年に発効）や、あらゆる空間での核実験や核爆発を禁止する「包括的核実験禁止条約」（1996年に国連総会で採択。締約国は2023年2月現在、日本を含む177か国。核兵器保有国ら44か国の批准が足りず未発効）など、世界の国々は、核兵器をなくすための議論と合意を積み重ねては少しずつ前進してきました。どうしたら戦争をなくせるのか？　という問いに切実に向き合う国々の努力の結晶とも言える、平和のために欠かせない条約です。

日本は、核兵器禁止条約に参加していません（2023年2月現在）。

核兵器の禁止に関する条約

第1条 禁止

1 締約国は、いかなる場合にも、次のことを行わないことを約束する。

(a) 核兵器その他の核爆発装置を開発し、実験し、生産し、製造し、その他の方法によって取得し、占有し、又は貯蔵すること。

(b) 核兵器その他の核爆発装置又はその管理をいずれかの者に対して直接又は間接に移譲すること。

(c) 核兵器その他の核爆発装置又はその管理を直接又は間接に受領すること。

(d) 核兵器その他の核爆発装置を使用し、又はこれを使用するとの威嚇を行うこと。

(e) この条約によって締約国に対して禁止されている活動を行うことにつき、いずれかの者に対して、援助し、奨励し又は勧誘すること。

（f）この条約によって締約国に対して禁止されている活動を行うことにつき、いずれかの者に対して、援助を求め、又は援助を受けること。

（g）自国の領域内又は自国の管轄若しくは管理の下にあるいずれかの場所において、核兵器その他の核爆発装置を配置し、設置し、又は展開することを認めること。

第 12 条 普遍性

締約国は、全ての国によるこの条約への普遍的な参加を目標として、この条約の締約国でない国に対し、この条約に署名し、これを批准し、受諾し、承認し、又はこれに加入するよう奨励する。

もう一度、平和主義の初心に返って

息の根を止められた野望

　憲法の前文や9条で掲げる平和主義について、憲法学者 芦部
信喜はこう言っています（『憲法 第七版』より詩訳）。

　　　平和主義って、
　　　単に自分の国の安全を
　　　他の国に守ってもらうような受け身じゃない。
　　　平和へ向かう道筋を描いたり伝えたり、
　　　国と国の紛争や対立をどうにか
　　　丸く収められるように言葉を尽くしたり、
　　　平和を叶えるために
　　　日本が自ら進んで働きかけることなんだ。

　もし日本が自ら進んで平和を訴えるなら、けっして忘れてはい
けない史実があります。それは大日本帝国が行なった侵略行為に
ついてです。どんなに平和を願おうと、自分が何をしたかも覚え
ていない者の言うことなんて、誰も相手にしてくれません。

　大日本帝国は19世紀末の日清戦争で台湾を植民地にすると、
1910年には朝鮮半島を支配しました（韓国併合）。そして1931年
に中国の東北部を占領し（満州事変）、満州国という大日本帝国
の操り人形のような、にせの国を作ります。

　満州事変というのは、大日本帝国の軍隊が鉄道の線路を自分
たちで爆破しておいて「中国がやった」と言いがかりをつけて起こ

した軍事行動でした。翌年真相が明らかになり、1933年に国際連盟が満州からの撤退を勧告すると、大日本帝国は反発して国際連盟を脱退しました。

　1937年には中国に侵略戦争を仕掛け（日中戦争）、さらに1940年に東南アジアへと進軍し、ナチス ドイツ、イタリアと「日独伊三国同盟」を結ぶと1941年12月、イギリスが植民地にしていたマレー半島に攻め入り、アメリカが併合していたハワイの真珠湾を攻撃して第二次世界大戦へとなだれ込みます。

　当時は、欧米列強が世界の国々を植民地化していった帝国主義の時代でした。大日本帝国は、アジアや太平洋地域の国々を植民地支配から解放すると言いながら、実際にしたことは、欧米に代わって収奪する侵略行為にすぎません。

　一時は国際連盟の常任理事国まで務めましたが、国際協調と帝国主義の間で揺れ動きながらも、しだいに軍部が実権を握り、無謀な戦争に突入しました。その結果、国の滅亡寸前まで追い込まれ、連合国からの無条件降伏勧告「ポツダム宣言」を受諾して、1945年8月、大日本帝国の野望は息の根を止められました。

生まれ変わってやり直す約束

　第二次世界大戦後に新しく誕生した国際連合は、世界の平和を実現するために国際秩序を築き直す決意をしました。国連憲章の前文には、その思いがにじんでいます。

　その同じ戦後に、日本国という国はどんなふうに成立したのでしょうか。「ポツダム宣言」という重い約束事には、六としてこう書いてありました（以下詩訳）。

　　　日本国民を惑わし

世界征服に乗り出すように仕向けた者たちの
権威やら影響力やらを
永久になくさないといけない。
平和と
安全と
正義の
新しい秩序は、
むこうみずな軍国主義を
この世からなくさないかぎり叶えられないから

　むこうみずな軍国主義をこの世からなくすこと。大日本帝国を
戦争に向かわせた指導者らの権威も影響力も永久になくすこと。
これが、反省の下に日本国として生まれ変わってやり直す際に交
わした約束事です。憲法の前文と9条は、平和への誓いと約束
の証として定められました。
　国連憲章では、戦争の記憶が、たとえば旧敵国条項と呼ばれ
る条項に刻まれています。

敵国だった国なら話は別

国連憲章　53条

　ある地域で紛争が起きても
　国連の安全保障理事会が許さないかぎり
　武力による解決をしてはだめ。

　但し、
　相手が
　第二次世界大戦の敵国だった国なら話は別。
　助けが来るまで

その敵国の新たな侵略に
武力で対抗してかまわない。

　こうした旧敵国条項は、いまでは削除が正式に決まっています
が、なかったことになるわけではありません。重々反省したから、
もう決してくり返さないから、その姿勢が国際社会に認められた
から、旧敵国条項は過去のものになったのです。

平和を根底から支える要

　では、いまの日本は本当に、東アジアや東南アジア、太平洋の
国々などに侵略した戦争責任を反省しているでしょうか。
　この点、1993年に当時の宮澤喜一内閣が実施した調査結果を
踏まえ、河野洋平官房長官（当時）が、戦中の従軍慰安婦につ
いて、大日本帝国軍の関与を日本政府として公式に認める談話を
公表しました。戦争から約半世紀の月日が経って、のことでした。

甘い言葉や強い圧力によって
河野談話（抜粋）

　このたびの調査の結果、
　長い間、広い地域にわたって慰安所が作られ
　数多くの慰安婦が存在したことがわかりました。

　慰安所は
　当時の大日本帝国軍当局の要請で作られたものでした。
　慰安所の設置・管理、慰安婦の移送には
　大日本帝国軍が直接に、または間接的に関わっていました。

慰安婦の募集は
軍の要請を受けた業者が主にしていましたが、
甘い言葉や強い圧力によってなど
本人たちの意思に反して
集められたことが多数ありました。

そのうえ
官憲などが直接加担したこともあったと明らかになりました。

慰安所での生活は
強制的な状況の下での痛ましいものでした。

戦地に送られた慰安婦の出身地は、日本を別とすれば
朝鮮半島が大きな割合を占めています。
当時の朝鮮半島は、大日本帝国が侵略支配しており
慰安婦の募集・移送・管理なども
甘い言葉と強い圧力によって
女性たち本人の意思に反して行なわれました。

これは大日本帝国軍が関わって
数多くの女性の名誉と尊厳を深く傷つけた問題です。

私たち日本政府はこの機会にあらためて、
その人の出身地のいかんを問わず
いわゆる従軍慰安婦として数多の苦痛を経験され
心身にわたり癒しがたい傷を負われたすべての方々に
心からお詫びと反省の気持ちを申し上げます。

私たちは
このような歴史の真実から目を背けることをせず
むしろ歴史の教訓として直視していきます。

歴史研究や歴史教育を通じてこの問題を永く記憶にとどめ、
同じ過ちを決してくり返さない
という固い決意をあらためて表明します。

　河野談話は、日本にとっても、アジアの国々にとっても、平和を根底から支える要です。何度謝ればいいんだと憤る声もあるようですが、日本政府は従軍慰安婦の存在をずっと認めてきませんでした。認めてこなかったのに謝罪はできません。調査の結果明らかになった過去の罪を認め、過ちを省み、二度とくり返さないと誓ったことは、アジアの国々と関係を結び直す意味でも、国際社会の信用を取り戻す意味でも、きわめて重要です。

むこうみずな軍国主義を
この世からなくすこと

　戦争犯罪など自分に都合の悪い史実をなかったことにしようとするふるまいを、歴史修正主義といいます。国際社会からの信用を致命的に損ねる暴挙です。
　もし万が一、いまの日本政府が歴史修正主義的な立場を採ったなら、それは戦争責任を反省し、あらためて国際社会の一員に復帰したいと願って交わした戦後の約束を白紙にすることを意味します。世界の国々との友好関係を含めて、現在の国際社会における日本の地位の全てを失うことになりかねません。
　2019年に愛知県で開催された国際芸術祭「あいちトリエンナー

レ2019」では、従軍慰安婦をテーマとしたキム・ソギョンとキム・ウンソンによる彫刻「平和の碑」(通称「平和の少女像」)が批判を浴び、展示中止にまで追い込まれました。歴史修正主義は、決して過去のものではありません。

2023年2月現在、日本政府は「河野談話」の立場を保っています。

　平和を誓い、二度と戦争をしないと決意することは、過去を忘れずに、未来を向くことではないでしょうか。都合の悪い過去をなかったことにしながら、平和を願うことなんてできないんじゃないでしょうか。戦争放棄を掲げる憲法9条は、過去を背負って、未来を誓う言葉です。

　この9条をめぐっては、憲法制定当時、日本は連合国軍(事実上のアメリカ軍)の占領統治下でGHQ(連合国軍最高司令官総司令部)の強い意向が働いたことから、国民の自由意思に基づいているのか？　と問題視されることがあります。

　憲法の前文には、こうあります(以下詩訳)。

　　私たちの国の
　　ありとあらゆるところで
　　自由がもたらす恵みを
　　しっかり握って手放さないようにして
　　まちがっても政府の行ないで
　　二度と戦争を
　　引き起こさないようにすることを決めた。

　前文のこの部分は「ポツダム宣言」の「六」の約束事──むこうみずな軍国主義ときっぱり縁を切ること、国を戦争へと導いた大

日本帝国の指導者らの権威も影響力も永久になくすこと――と
まったく同じです。軍国主義を捨て、平和主義に立つことは戦後
の人々の決意であり、世界との約束であり、日本国の出発点です。

歴史をわきまえることは
平和の誓いを忘れないこと

　世の中には、憲法9条や憲法そのものを「押し付けだ」と言う
人がいますが、ある意味で憲法は押し付けだと思います。なぜな
ら権力者の横暴を許さず、国家権力を「法」によって縛りつける
のが憲法だからです。
　「日本国憲法」も、憲法9条も、国際社会との約束を基に「も
う二度と戦争なんかしない」と決意して生まれた、国の最高法規
です。もし仮にかつての軍国主義をよみがえらせたがる政治家や
官僚や軍人などが現われても、勝手な真似ができないように平和
主義を押し付ける（国家権力を縛っている）のが、いまの「日本
国憲法」です。
　人間が人間として生きるための共同体を作ろうという自由意志に
よって近代国家は生まれます。ですから憲法制定において、一人
一人の自由意志は欠かせません。では、戦前や戦中に自由はあっ
たでしょうか。軍人にお酌をしろと言われた女性がそれを断った
だけで、日本刀で斬りつけられそうになる社会が自由でしょうか。
人間が人間として生きられなくなる軍国主義ときっぱり縁を切って、
誰もが平和に、健やかに、平等に、そして自由に生きるんだとい
う宣言が「日本国憲法」だといえます。

　日本はけっして諸手を挙げて歓迎されて世界の国々の輪に戻れ
たわけではありません。1951年に調印し、1952年4月28日に発

効したサンフランシスコ平和条約によって、敗戦から7年後によ
うやく日本は国際社会への復帰を許されます。戦争を引き起こし
た罪を悔いあらため、永久の戦争放棄と平和を誓ったからこそ、
もう一度仲間として迎え入れられたのです。

でもこんなふうに歴史をふり返ると、まじめな人や責任感の強
い人ほど罪悪感でたまらなくなるかもしれません。疑うことを知ら
ない人は、まさか自分の国のひとつ前の姿が、過去にそんなひど
いことをしでかしたなんて信じられないかもしれません。

ですからお伝えしておきたいのですが、それは、いまの私やあ
なたが犯した罪ではありません。過去の政体の、過去の戦争犯
罪です。そして過去とは歴史です。自分がやったわけじゃない。
でも、いえ、だからこそ知らないでいるわけにはいかない。当時
の大日本帝国で軍国主義者たちが何をしたか、その歴史をわきま
えておくことは、平和を誓った約束を忘れないことでもあります。
これからも世界の人々とともに生きていくために必要で、大切なこ
とです。なぜなら国際社会は、歴史の上に成り立っているからです。
私やあなたの自由や人権が、歴史の上に成り立っているように。

国連総会決議の大きな役割

それでもさらに世間には「じゃあ、日本が他国から攻められた
らどうするんだ」という声があります。ロシアによるウクライナ侵攻
を見てしまったら、不安を抱くのも、ごく自然な感情だと思います。

そんな事態に関しては、平和や安全を維持するために国連の
安全保障理事会が動くことを、国連憲章は想定していました。

平和に対する脅威があるとき、安全保障理事会は関係当事者
に矛を収めるように要請したり（国連憲章40条）、勧告したり（同
39条）、やむをえない場合には、経済制裁や外交関係の断絶を

決めたり（同41条）、それでも止められないときは最終的に国連軍を動かしたりする（同42条）権限を持っています。

　ただ、それには安全保障理事会の5つの常任理事国（中国、フランス、ロシア、イギリス、アメリカ）の同意投票が必要で、常任理事国のうち1国でも反対すれば決定できません（同27条3項）。ロシアのウクライナ侵攻のように、常任理事国が関わる紛争では、安全保障理事会が身動きとれないのが現状です。

　なぜそうなっているかと言えば、もし1国の反対があっても他の国の賛成多数で国連軍を動かせることになると、かつての国際連盟で、勧告に反発した大日本帝国が脱退して戦争に走ったような最悪の事態につながる可能性もゼロとは言えないからです。ましてや常任理事国はどこも大国ですから、どの国も交渉のテーブルから席を立たないように、決裂を避けるために土俵際で粘り続けるためのルールが、常任理事国の全会一致なのです。

　そんな苦しい状況を変えようと、2022年3月に国連総会がロシアのウクライナ侵攻に対して非難決議（ロシアに対して軍事行動の即時停止を求める決議案）を採択しました。総会決議は、国際世論に訴えかける大きな役割を果たしています。安全保障理事会のような実力行使を伴うわけではありませんが、世界中の国々の賛成多数で可決された決議には無視できない重みがあります。

自分が立っている足場を確かめる

　いったん国際社会で問題が起きてしまうと、解決は一筋縄ではいきません。国際政治の現実には、複雑で困難なハードルがいくつもあります。その複雑で困難なハードルを乗り越えるには、国際社会で平和を維持するための約束がどんなふうに積み上げられているのかを知ることも大切なのではないでしょうか。

日本が過去の戦争責任に対して約束したことも、戦争を放棄し、平和を誓ったことも、もう一度国際社会に受け入れられたこととその理由も、国連がシビアな現実に直面しながら知恵を絞っていることも、どれもが世界から戦争をなくし、平和を築くための約束です。目の前に難しい問題が持ち上がっているとき、あらためて自分が立っている足場を確かめることにも意味があるかと思います。

芦部信喜著、高橋和之補訂『憲法 第七版』第四章　平和主義の原理〔抜粋〕
日本国憲法の平和主義は、単に自国の安全を他国に守ってもらうという消極的なものではない。それは、平和構想を提示したり、国際的な紛争・対立の緩和に向けて提言を行ったりして、平和を実現するために積極的行動をとるべきことを要請している。

国際連合憲章〔抜粋〕
第27条 3　その他のすべての事項に関する安全保障理事会の決定は、常任理事国の同意投票を含む9理事国の賛成投票によって行われる。但し、第6章及び第52条3に基く決定については、紛争当事国は、投票を棄権しなければならない。
第39条　安全保障理事会は、平和に対する脅威、平和の破壊又は侵略行為の存在を決定し、並びに、国際の平和及び安全を維持し又は回復するために、勧告をし、又は第41条及び第42条に従っていかなる措置をとるかを決定する。
第40条　事態の悪化を防ぐため、第39条の規定により勧告をし、又は措置を決定する前に、安全保障理事会は、必要又は望ましいと認める暫定措置に従うように関係当事者に要請することができる。この暫定措置は、関係当事者の権利、請求権又は地位を害するものではない。安全保障理事会は、関係当時者がこの暫定措置に従わなかったときは、そのことに妥当な考慮を払わなければならない。
第41条　安全保障理事会は、その決定を実施するために、兵力の使用を伴わないいかなる措置を使用すべきかを決定することができ、且つ、この措置を適用するように国際連合加盟国に要請することができる。この措置は、経済関係及び鉄道、航海、航空、郵便、電信、無線通信その他の運輸通信の手段の全部又は一部の中断並びに外交関係の断絶を含むことができる。
第42条　安全保障理事会は、第41条に定める措置では不充分であろうと認め、又は不充分なことが判明したと認めるときは、国際の平和及び安全の維持又は回復に必要な空軍、海軍又は陸軍の行動をとることができる。この行動は、国際連合加盟国の空軍、海軍又は陸軍による示威、封鎖その他の行動を含むことができる。

第53条　1　安全保障理事会は、その権威の下における強制行動のために、適当な場合には、前記の地域的取極または地域的機関を利用する。但し、いかなる強制行動も、安全保障理事会の許可がなければ、地域的取極に基いて又は地域的機関によってとられてはならない。もっとも、本条2に定める敵国のいずれかに対する措置で、第107条に従って規定されるもの又はこの敵国における侵略政策の再現に備える地域的取極において規定されるものは、関係政府の要請に基いてこの機構がこの敵国による新たな侵略を防止する責任を負うときまで例外とする。

2　本条1で用いる敵国という語は、第二次世界大戦中にこの憲章のいずれかの署名国の敵国であった国に適用される。

慰安婦関係調査結果発表に関する河野内閣官房長官談話〔抜粋〕

〔…〕今次調査の結果、長期に、かつ広範な地域にわたって慰安所が設置され、数多くの慰安婦が存在したことが認められた。慰安所は、当時の軍当局の要請により設営されたものであり、慰安所の設置、管理及び慰安婦の移送については、旧日本軍が直接あるいは間接にこれに関与した。慰安婦の募集については、軍の要請を受けた業者が主としてこれに当たったが、その場合も、甘言、強圧による等、本人たちの意思に反して集められた事例が数多くあり、更に、官憲等が直接これに加担したこともあったことが明らかになった。また、慰安所における生活は、強制的な状況の下での痛ましいものであった。

　なお、戦地に移送された慰安婦の出身地については、日本を別とすれば、朝鮮半島が大きな比重を占めていたが、当時の朝鮮半島は我が国の統治下にあり、その募集、移送、管理等も、甘言、強圧による等、総じて本人たちの意思に反して行われた。

　いずれにしても、本件は、当時の軍の関与の下に、多数の女性の名誉と尊厳を深く傷つけた問題である。政府は、この機会に、改めて、その出身地のいかんを問わず、いわゆる従軍慰安婦として数多の苦痛を経験され、心身にわたり癒しがたい傷を負われたすべての方々に対し心からお詫びと反省の気持ちを申し上げる。〔…〕

　われわれはこのような歴史の真実を回避することなく、むしろこれを歴史の教訓として直視していきたい。われわれは、歴史研究、歴史教育を通じて、このような問題を永く記憶にとどめ、同じ過ちを決して繰り返さないという固い決意を改めて表明する。〔…〕

日本と世界の約束の話

地球を守る約束 その3

後々の世代まで、この星で暮らせるように
地球温暖化の問題って、憲法とどう関わっているのでしょう。良好な環境の下で生活する権利を環境権といいます。比較的新しい権利で、憲法に直接の規定はありませんが、13条の幸福追求権や25条の生存権を根拠として主張されています。後々の世代まで人類がこの星で暮らせるように、温室効果ガスを削減する「気候変動に関する国際連合枠組条約」と「パリ協定」が定められました。自然との共生を掲げる「生物多様性基本法」と併せて読んでいきます。まだできることがある間に。

ガスの増加は
星を包む温室のよう

気候変動に関する国際連合枠組条約

念のため、
最初に共有しておきたい ──

地球の気候の変動と
気候の変動が引き起こす悪影響は、
私たち人類すべてに関わる待ったなしの問題なんだ、と。

考えたくないけど、
考えないわけにはいかない ──

人類の活動が
地球の気温を上昇させるガスを
ものすごく増やしてきたし、いまもそうしていることを。

ガスの増加が
星を包む温室のようにぐんぐん勢いづいて
地球の地表も大気も引っくるめて
温暖化に追い打ちをかけていることを。

自然の生態系にも、私たち人類にも、
悪影響が及ぶ危険があることを。

えらそうに言える立場じゃないし
せめてわきまえておきたい ──

いままでも、そして、いまも
地球の気温を上昇させるガスの大部分は、
先進国が排出していることを。

開発途上国が排出したガスは比較的少ないことを。

社会や開発の需要に応じて
開発途上国のガスの排出割合がこの先増えていくことを。

わかってる、つもりだけど
もう一度、心に刻んでおく ──

このガスを大気中にまきちらさないように
吸収したり、貯め込んだりしてくれるのは、
陸や海の生態系なんだ。
すごく大事なこと。

それと現実的な話、
事情の違う国同士がどうまとまるか ──

これは、人類全体の問題で
すべての国に関わることだけど

いままでガスをたくさん排出してきて
いまも排出している国々の責任はより重いし、
国によってできることも
社会や経済の状況もそれぞれ違うから、

できるかぎり協力の輪を大きく広げながら、
うまく結果を出せる国際的な取り組みに加わるのが大事。

特に気候変動のリスクに
真っ先にさらされてる国は ──

気温が上昇したとき
海面が高くなって影響が大きい
標高の低い島の国やその他の島国、低地の沿岸……。

異常気象が起きたら特に危ない

雨の少ない乾燥地域・半乾燥地域や
洪水・干ばつ・砂漠化のおそれのある地域を国土に持つ国、
ダメージを受けやすい山岳の生態系がある国……。

心を決めよう——

いまと将来の人類のために
地球を守るんだ、と。

いったん南極の氷が溶ければ……

あるポイントを過ぎたら、温暖化による自然環境への悪影響
は取り返しのつかないことになります。いったん南極の氷が
溶ければ、アマゾンの森林が失われれば、世界各地で砂漠
化が広がれば、たやすく回復できるでしょうか。国連総会で
1992年5月に採択された「気候変動に関する国際連合枠組
条約」は、1994年3月に発効しました。この条約は、大気
中の温室効果ガス（二酸化炭素やメタンなど）の濃度を安定
化させて、地球の気温上昇による気候変動を食い止めるた
めの、文字通り人類の存亡を懸けた国際的な取り組みです。
2023年2月現在、締約国は198か国となっています。

気候変動に関する国際連合枠組条約〔前文、抜粋〕

　この条約の締約国は、

　地球の気候の変動及びその悪影響が人類の共通の関心事であることを確認し、

　人間活動が大気中の温室効果ガスの濃度を著しく増加させてきていること、その増加が自然の温室効果を増大させていること並びにこのことが、地表及び地球の大気を全体として追加的に温暖化することとなり、自然の生態系及び人類に悪影響を及ぼすおそれがあることを憂慮し、

　過去及び現在における世界全体の温室効果ガスの排出量の最大の部分を占めるのは先進国において排出されたものであること、開発途上国における一人当たりの排出量は依然として比較的少ないこと並びに世界全体の排出量において開発途上国における排出量が占める割合はこれらの国の社会的な及び開発のためのニーズに応じて増加していくことに留意し、

　温室効果ガスの吸収源及び貯蔵庫の陸上及び海洋の生態系における役割及び重要性を認識し、〔…〕

　気候変動が地球的規模の性格を有することから、すべての国が、それぞれ共通に有しているが差異のある責任、各国の能力並びに各国の社会的及び経済的状況に応じ、できる限り広範な協力を行うこと及び効果的かつ適当な国際的対応に参加することが必要であることを確認し、〔…〕

　更に、標高の低い島しょ国その他の島しょ国、低地の沿岸地域、乾燥地域若しくは半乾燥地域又は洪水、干ばつ若しくは砂漠化のおそれのある地域を有する国及びぜい弱な山岳の生態系を有する開発途上国は、特に気候変動の悪影響を受けやすいことを認め、〔…〕

　現在及び将来の世代のために気候系を保護することを決意して、

　次のとおり協定した。

2℃よりずっと下回るように

パリ協定（抜粋）

世界全体の平均気温が
産業革命より前と比べて、
2℃上昇しないように
2℃よりずっと下回るように食い止めること。

1.5℃以下に抑えるために
あらんかぎりの努力を尽くすこと。

気温の上昇を抑えれば、
気候変動のリスクと悪影響を
目に見えて減らせるんだと心に留めて、
努力しつづけること。

人類が、
この先も地球で生きていくこと。

（2条1（a））

「気候変動に関する国際連合枠組条約」に基づいて、地球環境を守るための国際会議「COP」（コップ、気候変動枠組条約締約国会議）が1995年から毎年、開催されています。産業革命以来、化石燃料を大量消費してきた先進国は、地球環境のこれ以上の悪化を防ぐ大きな責任を負うという考え方を、気候正義といいます。

では、この協定を見るとどうでしょう。先進国と途上国の区別なく、条約に加わるすべての国々が、温室効果ガス削減等の取り組みに参加しています。すべての締約国が共通の目標達成に向けて行動するという初の枠組みが、この「パリ協定」です。それほど深刻な状況で、だからこそ国と国が手を取り合ったのです。「パリ協定」は2015年12月に開かれた第21回のCOP21で採択されました。

パリ協定〔抜粋〕

第二条 1　この協定は、条約（その目的を含む。）の実施を促進する上で、持続可能な開発及び貧困を撲滅するための努力の文脈において、気候変動の脅威に対する世界全体による対応を、次のことによるものを含め、強化することを目的とする。

(a) 世界全体の平均気温の上昇を工業化以前よりも摂氏二度高い水準を十分に下回るものに抑えること並びに世界全体の平均気温の上昇を工業化以前よりも摂氏一・五度高い水準までのものに制限するための努力を、この努力が気候変動のリスク及び影響を著しく減少させることとなるものであることを認識しつつ、継続すること。

大気　水　土壌
生命の多様性

生物多様性基本法〔抜粋〕

生命の誕生以来
数十億年の歴史を通じて
さまざまな環境にうまく応じて進化して
いま　地球には多様な生物がいる。

大気　水　土壌などの
生物を取り巻く
環境という自然に満ちあふれるものと
互いに関わり合いながら
多様な生態系が形づくられている。

人類は
生物の多様性がもたらす
恩恵のおかげで生きているんだ。

生物の多様性は
人類が存続するための土台だ。

それぞれの地域で
その土地ならではの財産となって
生物の多様性は
地域独特の文化を支えている。
それぞれの地域に
それぞれの文化がある
という多様性をも支えている。

いろいろな生物がめいめいに息づき
あちこちの場所で
あれこれの環境と結びついた多様性は
人間が行なう開発などのせいで
生物種が絶滅したり　生態系が壊されたり
社会・経済的な流れの変化で
手入れが行き届かなくなって里山が荒れたり
外来種などが入ってきたおかげで生態系がかき乱されたりして
いま　深刻な危機に直面している。

近年すごい早さで進む
地球温暖化などの気候変動は
生物種や生態系が環境の変化になじんでいくより先に
どんどん変わっていって
たくさんの生物種に
絶滅を含む重大な影響を与えるおそれがある。

地球の温暖化を防ぐ取り組みは
生物の多様性を保つ上でも
大きな課題だ。

国際的に見ても
森林が減ったり　荒れたり
乱獲のせいで海洋生物資源が減ったりして
生物の多様性は大きく損なわれている。

私の国の経済も社会も
他の国々と密接に
互いに頼り合う関係で成り立っていることを思えば
多様な生命と自然のあり方を保つために
私の国が自ら進んで
国際社会で役割を果たすことが大事だと思う。

人類すべての財産でもある
生物の多様性を傷つけないように
その恩恵に末永くあずかれるように
自然環境とひとつになって生きる
生物と環境まちまちなあり方を
そっくりそのまま
次の世代に引き継いでいかなきゃいけない。

とりどりの生命が

そこここの環境のなかで息づく

生きるがままの多様な自然のありようが

何ひとつ欠けることなく未来へ続いていくように

分野をまたいで　方法をかぎらないで

生物の多様性への悪影響を避けたり

最小限に留めたりしながら

その恩恵を将来にわたって

受け続けられる社会づくりのために

いまこそ新しい一歩を踏み出すときなんだ。

生命と自然の

結びついたひとつひとつのあり方が

ありのままの形で続いていくために

将来の世代にまでその恩恵を残せるように

基本の原則をくっきりと打ち立てて

いい方向につながる手立てを尽くしていこう。　　　（前文）

生命と環境とのつながりを含めて

「生物多様性基本法」は、ある特定の生物のみを対象にするのではなく、野生生物や生息環境、生態系など、さまざまな生命と、生命を取り巻く環境とのつながりを含めて包括的に保全する初めての法律として2008年に成立しました。この島国のあらゆる生命の種と自然環境が、末永くあり続けるために。

生物多様性基本法〔前文〕

生命の誕生以来、生物は数十億年の歴史を経て様々な環境に適応して進化し、今日、地球上には、多様な生物が存在するとともに、これを取り巻く大気、水、土壌等の環境の自然的構成要素との相互作用によって多様な生態系が形成されている。

人類は、生物の多様性のもたらす恵沢を享受することにより生存しており、生物の多様性は人類の存続の基盤となっている。また、生物の多様性は、地域における固有の財産として地域独自の文化の多様性をも支えている。

一方、生物の多様性は、人間が行う開発等による生物種の絶滅や生態系の破壊、社会経済情勢の変化に伴う人間の活動の縮小による里山等の劣化、外来種等による生態系のかく乱等の深刻な危機に直面している。また、近年急速に進みつつある地球温暖化等の気候変動は、生物種や生態系が適応できる速度を超え、多くの生物種の絶滅を含む重大な影響を与えるおそれがあることから、地球温暖化の防止に取り組むことが生物の多様性の保全の観点からも大きな課題となっている。

国際的な視点で見ても、森林の減少や劣化、乱獲による海洋生物資源の減少など生物の多様性は大きく損なわれている。我が国の経済社会が、国際的に密接な相互依存関係の中で営まれていることにかんがみれば、生物の多様性を確保するために、我が国が国際社会において先導的な役割を担うことが重要である。

我らは、人類共通の財産である生物の多様性を確保し、そのもたらす恵沢を将来にわたり享受できるよう、次の世代に引き継いでいく責務を有する。今こそ、生物の多様性を確保するための施策を包括的に推進し、生物の多様性への影響を回避又は最小としつつ、その恵沢を将来にわたり享受できる持続可能な社会の実現に向けた新たな一歩を踏み出さなければならない。

ここに、生物の多様性の保全及び持続可能な利用についての基本原則を明らかにしてその方向性を示し、関連する施策を総合的かつ計画的に推進するため、この法律を制定する。

世界の憲法　私の自由の歴史

　人権って、本当にかけがえのないものです。

　でも、昔から当たり前に享受できたわけじゃありません。人権を勝ち取るために、人々が命を懸けた市民革命の歴史があります。今日でも、世界中のすべての人が完全に人権を保障されているとは、残念ながら言えません。それでも、少なくとも人権思想が普遍的な価値を持っているということは、人類共通の認識になりました。

　では、人権というものを、人類はどんなふうに摑み取ってきたのでしょう。

議会がうんと言わないかぎり

　1689年に、イギリスでこんな約束が交わされました。議会が議決して、国王が承認したものです。

イギリス　権利の章典（抜粋）

　　議会が
　　うんと言わないかぎり
　　国王が
　　権威をふりかざして
　　法律を無理やりストップさせたり
　　勝手に執行させなかったり
　　そんな権力があるふりはだめ。

　　　議会が定める法律には、
　　　指一本ふれさせない。

　この「権利の章典」は、いまも有効で、イギリスの憲法のなか
のひとつです。いくら国王だからって、私たちの権利や自由を好
き勝手していいわけじゃないぞ、という主張は、誰もが自由に生
きるための土台を築いた近代人権宣言へとつながっていきます。
　権力者という人の支配から、憲法という法の支配へ。これは現
代の私たちにまで通じる、近代社会の大原則です。「権利の章典」
では、自由選挙や言論の自由についても約束がありました。

　　　議会の議員は
　　　選挙で自由に選ばなきゃいけない。

　　　議会には
　　　言論の自由がある
　　　討論であれ、議事手続きであれ、
　　　議会の外で
　　　どんな裁判所にも
　　　他のどんなところにも
　　　弾劾されたり
　　　責任を問われたりするいわれはない。

　読んでいて気づくのは「議会」の重みです。
　私たちの社会のルールを、私たちが自由に選んだ議員たちを通
じて、自由な話し合いで作った法律の形で決めていくこと ——民
主主義。その中心的な役割を担うのは、あくまで議会だ、という
決意と覚悟が感じられます。

そんな17世紀末の権利の章典ですが、これらの約束は、イギリス人がすでに勝ち取っていた自由や権利を、あらためて国王に認めさせるという性格のものでした。その意味で「人権」というより、いわば「国民権」についての宣言だったとも言われています。

権利の章典の正式な名前は「臣民の権利および自由を宣言し、王位継承を定める法律」といって、宣言した後も君主制のまま、人々は臣民でした。

そんな政府は変えてしまっていい

自由や権利は、君主や支配者から与えられるものなんかじゃない。私は、あなたは、一人一人の人間は、生まれつき自由や権利を持っているんだ、という自然権の考え方に基づく人権宣言が誕生したのは、18世紀末の近代市民革命でのことです。

イギリスに支配されていた北アメリカの13の植民地が独立を訴え、1776年に「独立宣言」を行ないます。

アメリカ　独立宣言（抜粋）

人間はみんな
生まれつき平等で
生命や、自由や、幸せの追求は
もちろんのこと
決して誰にも奪うことのできない権利を
創造主から授かってる。

これらの権利を確かなものにするために
人間はみんなで政府を作った。

だから
政府の統治するところにいる
一人一人の同意があって初めて
正当な権力が政府に預けられるんだ。

どんな形の政府だろうと
一人一人の人間の権利を確かなものにしよう
という目的を
もし踏みにじるようなことをしたら、
そんな政府は変えてしまっていい。
廃止したってかまわない。
そして
私たちの安全と幸せを
いちばんもたらすだろう原則の下で
私たちの安全と幸せを
いちばんもたらすだろう形で
私たちの権力を結集させて
新しい政府を作ろう。
それこそが、人民の権利なのだから。

もちろん、
長年続いてきた政府を軽々しく
一時的な理由で変えてしまったらまずいのは
思慮分別が言うとおり。
あらゆる経験が示してるように
人間って
慣れ親しんだ仕組みをふりだしに戻してまで
自分たちの状況を立て直すより、
いやなことでもがまんできるうちは

がまんしようとする傾向がある。

だけど
権力を悪用して
私たちのものを力ずくで奪ったり
私たちの権利を侵したりするふるまいが
ずっと魂胆の変わらないまま
長く続いてる状況で
絶対的な権力を握った国王の下に
人民をひざまずかせる征服欲をむき出しにするとき、
そんな政府を見かぎって
自分たちの将来の安全のために
私たちの権利に誰も手出しできないように
新しい体制を作り上げることは
人民の権利だし、
人民の義務だ。

　人間は生まれつき自由・平等で、生来の権利（自然権）を持っているという考えが、この「独立宣言」にはありありと表われています。
　人間というのは、自然の生命です。
　その人間という生命が、生きていくために基本的に必要なもの——衣食住や、身の安全・健康、精神の自由、財産の保障……などは、いつの時代でも、誰にとってもそう変わりないはずです。だとしたら、人間が生まれつき自由であることや、平等であること、基本的人権を持っていることも、ごく自然なことではないでしょうか。自然権というのは、自然の生命である人間にとって、持っているのがごく自然な権利ではないでしょうか。

　人民のお墨付きが与えられてこそ、国家権力は正当なものになるんだ、という立場をアメリカの「独立宣言」は採っています。

　だからもし国会や政府や裁判所などが勝手なことをしでかしたら、預けておいた権力を取り上げて、将来の安全に役立つ新しい体制を作り変える権利、抵抗権が人民にはあるのです。

　人民からの信頼を守り、けっして裏切らないことこそ、公務に従事する者が預かる国家権力のよりどころ、つまり正当性になっているわけです。

　このことは現代にも通じています。私たちが自分の自然権を確かなものにするために国に権力を委（ゆだ）ねる約束（社会契約）を交わすことによって、私たちの委任を基にして国を運営できるんだという考え方が、近代社会の基礎になっています。

市民革命の支柱となって

　自分たちの自由と権利は、生まれつきの自然権だという新しい考え方は、それまで人間を支配してきた中世の社会から、自由な社会へと転換させる、市民革命の思想の支柱となりました。

　フランス革命によって1789年に掲げられたフランスの「人権宣言」も、アメリカの「独立宣言」と同じく、近代的な人権宣言です。

　1689年のイギリスの「権利章典」から100年の歳月を積み重ねて、ひと握りの人間が他の人間を支配する弱肉強食の社会から、人類はまた一歩、脱却していきます。

フランス　人権宣言

1条前段

　人は

自由と権利を

　　平等に持って生まれ、

　　平等に持って生きていく。

　このフランスの「人権宣言」の影響から、ヨーロッパ各国で人権宣言を含んだ憲法が生まれました。

　いまの目から見れば、アメリカの「独立宣言」にも、フランスの「人権宣言」にも、先住民族の権利や、女性の権利、白人以外の人間の権利などはどうなのかという疑問を持たずにはいられません。

　それは今日でも同じはずです。いまの私の権利意識も視野の狭い、偏ったものに違いありません。だとしたらなおさら、こうして一歩一歩進んできた自由と権利の歴史を知っておきたいと思います。まだ自由になっていない自由、権利になっていない権利に目をこらし、耳をすますために。

ワイマール憲法の光と影

　さらに時が流れ、19世紀〜20世紀前半になると、諸国の憲法から自然法思想に基づく人権宣言が衰退していきました。

　自由競争が活発になると、貧富の差が大きくなるなどの問題も出てきます。誰も取り残されない世の中にするために、支援策を厚くすべきじゃないか、という社会主義を求める声が高まり、自然権だけでは足りないという意識に傾いていきます。

　議会制が浸透したことで、わざわざ自然権を持ち出さなくても、議会が定めた法律で権利の保障には十分じゃないかという見方が有力になったことも、自然法思想が衰退する原因のひとつになりました。

　1919年に制定されたドイツの「ワイマール憲法」では、誰もが

人間に値する生活を営む権利を保障すべき、という社会権が打ち出されます。

　　ドイツ　ワイマール憲法
　　151条1項前段

　　経済生活の秩序というのは、
　　私の
　　あなたの
　　一人一人のすべての人の
　　人間らしい暮らしを支えるための
　　正義の原則に
　　基づいてなきゃいけない。

　このような先進的な権利を採り入れた「ワイマール憲法」でしたが、48条で定めた国家緊急権がナチス　ドイツに悪用され、独裁を許す結果につながってしまいます。

　　48条2項

　　公共の安全と秩序にとって
　　重大な障害や
　　危険が生じたとき、
　　大統領は
　　公共の安全と秩序を取り戻すために
　　必要な手立てをとれる。
　　やむを得ない場合は、武力を使ってもかまわない。

　　しかも、この目的のために

大統領は「当分」の間、
次の基本権の全部または一部を凍結できる。

~~身体の自由（114条）~~ → 逮捕・監禁 OK
~~住居の不可侵（115条）~~ → 住居侵入 OK
~~通信の秘密（117条）~~ → 盗聴 OK
~~言論の自由（118条）~~ → 検閲 OK
~~集会の自由（123条）~~ → デモ処罰 OK
~~結社の自由（124条）~~ → 反対グループ弾圧 OK
~~財産権（153条）~~ → 財産没収 OK

　同様に大日本帝国憲法にも、天皇の勅令を法律に代える緊急勅令（8条）や、非常時に軍部が国を統治する戒厳の宣告（14条）など、4か条の緊急事態条項がありました。議会の議決を経ずに、政府が緊急勅令によって治安維持法を改正して反対派を弾圧し、軍国主義の道をひた走っていきます。

　国民一人一人の自由や人権を犠牲にしてでも、国家（独裁権力）の利益を優先させる全体主義の下で、ナチス　ドイツ、イタリア、そして大日本帝国という独裁国家が引き起こした第二次世界大戦は悪夢そのものでした。

　政府や議会が道を踏み外したとき、権力の暴走を止められないという事実に直面し、けっして人権を譲ってはならないとする自然法思想が戦後あらためて見直されることになりました。

人間の命と尊厳を何よりも大切に

　戦争への反省という言葉では済まないほど重いものを心に刻みながら、敗戦から2年後の1947年5月に「日本国憲法」は、戦争

と戦力の放棄を宣言し、平和主義を掲げて誕生します。

　独裁の引き金になりかねない危険な緊急事態条項は「日本国憲法」には一切ありません。

　人間の命と尊厳を何よりも大切にするために、再び独裁におちいらないために、平和を愛する国であり続けるために「日本国憲法」は、基本的人権の尊重・国民主権・平和主義という原則を守るべく「第十章　最高法規」で３つの固い約束を定めています。

永久の権利として手渡されたもの
日本国憲法　97条

この憲法が
守ると約束した、
私の
あなたの
この国の一人一人の
生まれつき持っている基本的人権というのは
人類が長い年月をかけて
自由を手に入れようと努力した成果なんだ。

これらの権利は
過去に数えきれないほどの試練に堪えて
現在の
そして将来の
この国の一人一人に対して
他の誰にも侵すことのできない
永久の権利として手渡されたものなんだよ。

国の最高法規なんだ
同　98条

1

国民主権と
基本的人権の尊重、
それから平和主義を掲げた
この憲法は
国の最高法規なんだ。
とてもとても大事な
これら３つの原則を守り抜くために
憲法で定めた条項に反する
法律も、命令も、詔勅も、
国務に関するその他の行為も、
認めないし、許さない。
そんなものは全部、無効だよ。
それか
憲法違反の部分を無効にするからね。

2

日本の国が結んだ条約や
確立された国際法は
誠実に必ず守らなきゃいけない。

尊重、擁護することは義務だよ
同　99条

天皇または摂政も
国務大臣も
国会議員も
裁判官も
その他の公務員も
この憲法のおかげで
地位や権限があることを忘れないで。
もし憲法を否定したら
その瞬間に、
地位も権限も消えてなくなる。

この憲法は
この国の一人一人の
私の基本的人権を守る最高法規。

天皇または摂政
国務大臣
国会議員
裁判官
その他の公務員が
この憲法を尊重することは義務だよ。
この憲法を擁護することは義務だよ。

　大戦争の後の荒れ果てた世界を目の当たりにして、人類が平和を希求してやまない精神を自らに刻み込むさなかに生まれたのが、「日本国憲法」ではないでしょうか。

その翌年、1948年12月に国連総会で「世界人権宣言」（人権に関する世界宣言）が採択されました。

世界人権宣言
1条

すべての人間は
生まれつき自由で、
そして
尊厳も、
権利も、
平等なんだ。

人間は
理性と良心を授けられた存在。
だから
お互いに同胞の精神で
行動しよう。

この「世界人権宣言」を基に、1966年12月16日の国連総会で同時に採択されたのが「社会権規約」（A規約。経済的、社会的及び文化的権利に関する国際規約）と「自由権規約」（B規約。市民的及び政治的権利に関する国際規約）です。

基本的人権が、世界中の人類にとって普遍的な価値を持つことが、はっきりと確かめられた歴史的な日です。

社会権規約および自由権規約

1条1項〔両条約で文言が共通〕

私は
あなたは
一人一人のすべての人民は
自分のことを
自分自身で決める
自己決定の権利を持っているんだ
私がどんな道を選ぶのか
答えを知ってるのは　私

私には
あなたには
一人　一人の　すべての人民は
自己決定の権利があるのだから
どんな政治的な立場を選ぶのも　自由だよ
経済的にも　社会的にも　文化的にも
もっと豊かに生きたいって望むのは　自由なんだよ
それは　搾取されない　ということ
それは　不当に扱われない　ということ
つまり　私は人間だ　ということ

　人権というかけがえのないものを世界の国々が共有し、国際条約として結実させるところまで人類は辿り着きました。
　次は、世界中の誰もが、一人の例外もなく、人権を享受できる世の中を実現していく番です。そのための足がかりとして「国際人権規約」という素晴らしい国際条約が整ったのですから。

イギリス 権利の章典〔抜粋〕

国王は、王権により、国会の承認なしに法律［の効力］を停止し、または法律の執行を停止し得る権限があると称しているが、そのようなことは違法である。〔…〕

国会議員の選挙は自由でなければならない。〔…〕

国会における言論の自由および討議または議事手続は、国会以外のいかなる裁判所、またはその他の場所においても、これを非難したり問題としたりしてはならない。〔…〕

アメリカ 独立宣言〔抜粋〕

〔…〕すべての人間は生まれながらにして平等であり、その創造主によって、生命、自由、および幸福の追求を含む不可侵の権利を与えられているということ。こうした権利を確保するために、人々の間に政府が樹立され、政府は統治される者の合意に基づいて正当な権力を得る。そして、いかなる形態の政府であれ、政府がこれらの目的に反するようになったときには、人民には政府を改造または廃止し、新たな政府を樹立し、人民の安全と幸福をもたらす可能性が最も高いと思われる原理をその基盤とし、人民の安全と幸福をもたらす可能性が最も高いと思われる形の権力を組織する権利を有するということ、である。もちろん、長年にわたり樹立されている政府を軽々しい一時的な理由で改造すべきではないことは思慮分別が示す通りである。従って、あらゆる経験が示すように、人類は、慣れ親しんでいる形態を廃止することによって自らの状況を正すよりも、弊害が耐えられるものである限りは、耐えようとする傾向がある。しかし、権力の乱用と権利の侵害が、常に同じ目標に向けて長期にわたって続き、人民を絶対的な専制の下に置こうとする意図が明らかであるときには、そのような政府を捨て去り、自らの将来の安全のために新たな保障の組織を作ることが、人民の権利であり義務である。〔…〕

フランス 人権宣言

第1条〔前段〕人は、自由かつ権利において平等なものとして出生し、かつ生存する。

ドイツ ワイマール憲法

第151条1項〔前段〕経済生活の秩序は、すべての者に人間たるに値する生活を保障する目的をもつ正義の原則に適合しなければならない。

第48条2項　ライヒ大統領は、ドイツ・ライヒの公共の安全と秩序に重大な障害又は危険が生じたとき、公共の安全と秩序の回復に必要な措置を執り、やむを得ない場合は兵力を用いて介入することができる。この目的のため、大統領は、第114、115、117、118、123、124、及び153条に定める基本権の全部又は一部を一時的に失効することができる。

日本国憲法

第九十七条　この憲法が日本国民に保障する基本的人権は、人類の多年にわたる自由獲得の努力の成果であつて、これらの権利は、過去幾多の試錬に堪へ、現在及び将来の国民に対し、侵すことのできない永久の権利として信託されたものである。

第九十八条　この憲法は、国の最高法規であつて、その条規に反する法律、命令、詔勅及び国務に関するその他の行為の全部又は一部は、その効力を有しない。

2　日本国が締結した条約及び確立された国際法規は、これを誠実に遵守することを必要とする。

第九十九条　天皇又は摂政及び国務大臣、国会議員、裁判官その他の公務員は、この憲法を尊重し擁護する義務を負ふ。

世界人権宣言

第一条　すべての人間は、生れながらにして自由であり、かつ、尊厳と権利とについて平等である。人間は、理性と良心とを授けられており、互いに同胞の精神をもって行動しなければならない。

経済的、社会的及び文化的権利に関する国際規約（社会権規約、A 規約）

第一条 1　すべての人民は、自決の権利を有する。この権利に基づき、すべての人民は、その政治的地位を自由に決定し並びにその経済的、社会的及び文化的発展を自由に追求する。

市民的及び政治的権利に関する国際規約（自由権規約、B 規約）

第一条 1　すべての人民は、自決の権利を有する。この権利に基づき、すべての人民は、その政治的地位を自由に決定し並びにその経済的、社会的及び文化的発展を自由に追求する。

邦訳出典：

高木八尺・末延三次・宮沢俊義編『人権宣言集』（岩波文庫）

長利一著『ドイツ緊急権の憲法史　「危機憲法」論』（日本評論社）

AMERICAN CENTER JAPAN

おわりに

　この『日本の憲法　最初の話』という本が生まれるきっかけに
なったのは、憲法前文の詩訳と原文を収録した同名のフリーペー
パーでした。発行したのは2022年5月3日、憲法記念日です。
前文の詩訳そのものは、2020年の同じ日に、何か憲法について書
いてみようと手を動かしたときにできました。

　20代の頃、法律を学んでいて憲法を丸ごと暗記したことがあり
ます。前文を読むたびに、なんて素晴らしい理想に満ちた文章
なんだろうと心底感じました。
　だからフリーペーパーを作ったときも「これいいよね」って好
きな音楽の話を友だちとするような感覚で手渡したいと思いまし
た。ほら、すごくいいんだよ。こんなに素晴らしい自由や人権が、
生まれた瞬間から、全部あなたのものなんだよ、と言いたい気持
ちがいまも大きいです。
　前文は憲法の精神を凝縮したもので、前文の素晴らしさという
のは、憲法の素晴らしさにほかなりません。では、何が素晴らし
いかといえば、本心から真摯に理想を打ち立てたことです。
　憲法に満ちているのは、実際に戦争の凄惨さを思い知らされ
て生き残った人間が、絶望の底でふり絞った理想と叡智と決意
だと思います。いまの現実と合ってないという声も聞きますが、
いつの時代にも、もっと世の中をよくしようと掲げた理想に向かっ
て、生きづらい現実のほうを変えてきたのが、人類の歴史なんじゃ
ないでしょうか。
　憲法を変えるより、政治を変えるのが先です。

執筆に際して『憲法　第七版』（芦部信喜著、高橋和之補訂、岩波書店）を何度も読みました。90年代の学生時代に愛読した本です。この30年間、人権意識や平和主義や民主主義がどれだけ後退させられてきたか、ひしひしと伝わってきました。一人一人の命が、尊厳が、何より大事だと再確認できました。私には生まれつき基本的人権があるんだと、自分自身が心から思えることが、やっぱり大事なんです。国籍や性別その他を問わず、他者にも生まれつき人権があるんだと。日本にいる外国人の権利どころか、命すらないがしろにする社会に未来なんてありません。

　ぼくは、いまの「日本国憲法」を支持します。

　最後にこの場をお借りして、フリーペーパーの配布にご協力・応援していただいている皆様、本づくりの間、根気強く並走してくださった担当編集の安田沙絵さん、あたたかくやわらかなブックデザインを手がけてくださった装丁家の辻祥江さん、本の出版にあたりご尽力いただいた皆々様に心より感謝申し上げます。

　沖縄出身で、福祉の仕事をしてきた母には、命と平和のかけがえのなさと、誰もが平等に生きられる社会を理想とすることを教わりました。偉ぶるところがなく、家では家事に余念のない父からは、男女平等とは何かを言外に教わってきました。

　この本を、親愛なる母と父に捧げます。

2023年2月
白井明大

白井明大（しらい　あけひろ）
詩人。1970年東京生まれ。詩集に『心を縫う』（詩学社）、『生きようと生きるほうへ』（思潮社、丸山豊記念現代詩賞）、『着雪する小葉となって』（思潮社）など。詩画集に『いまきみがきみであることを』（画・カシワイ、書肆侃侃房）。『日本の七十二候を楽しむ』（増補新装版、絵・有賀一広、KADOKAWA）が静かな旧暦ブームを呼び、ベストセラーに。そのほか『旧暦と暮らす沖縄』（写真・當麻妙、講談社）、『希望はいつも当たり前の言葉で語られる』（草思社）など著書多数。

日本の憲法　最初の話
に ほん　けん ぽう　　さい しょ　はなし

2023年3月29日　初版発行

著者／白井明大
しら い あけひろ

発行者／山下直久

発行／株式会社KADOKAWA
〒102-8177　東京都千代田区富士見2-13-3
電話 0570-002-301（ナビダイヤル）

デザイン／辻 祥江

印刷・製本／図書印刷株式会社